Liebe Leserin, lieber Leser,

es freut mich, dass Sie sich für einen Titel aus der Reihe "Studien 2005" entschieden haben.

Diese Reihe wurde von mir zusammengestellt, um einem breiten Publikum den Bezug von herausragenden wissenschaftlichen Abschlussarbeiten zu ermöglichen. Bei den Abschlussarbeiten handelt sich um hochwertige Diplomarbeiten, Masterarbeiten, Magisterarbeiten, Staatsexamensarbeiten, Bachelorarbeiten oder Dissertationen mit einer sehr guten Bewertung.

Diese Studien beschäftigen sich mit spezifischen Fragestellungen oder mit aktuellen Themen und geben einen guten Überblick über den Stand der wissenschaftlichen Diskussion und Literatur. Wissenschaft und andere Interessierte können durch diese Reihe Einblick in bisher nur schwer zugängliche Studien nehmen.

Jede der Studien will Sie überzeugen. Damit dies immer wieder gelingt, sind wir auf Ihre Rückmeldung angewiesen. Bitte teilen Sie mir Ihre kritischen und freundlichen Anregungen, Ihre Wünsche und Ideen mit.

Ich freue mich auf den Dialog mit Ihnen.

Björn Bedey
Herausgeber

Diplomica GmbH
Hermannstal 119k
22119 Hamburg

www.diplom.de
agentur@diplom.de

K. Marijke Brodel: Museumspädagogik in Kindermuseen und Jugendmuseen: Entstehung, Legitimation und derzeitige Situation / Björn Bedey (Hrsg.), Hamburg, Diplomica GmbH 2006
Zugl.: Bielefeld, Diplom, 2005

ISBN 3-8324-9344-1 / EAN 978-3-8324-9344-8

© Diplomica GmbH, Hamburg 2006

Bibliografische Information der Deutschen Bibliothek
Die Deutsche Bibliothek verzeichnet diese Publikation in der Deutschen Nationalbibliografie; detaillierte bibliografische Daten sind im Internet über <http://dnb.ddb.de> abrufbar.

K. Marijke Brodel

Museumspädagogik in Kindermuseen und Jugendmuseen

Entstehung, Legitimation und derzeitige Situation

 Kirsten Marijke Brodel wurde am 05. Juni 1981 geboren. Von 1991 bis 2000 hat sie das Hildegardis-Gymnasium in Hagen besucht. Nach erfolgreichem Abschluss des Abiturs verbrachte sie ein Jahr als Au Pair an der Ostküste der USA. Im Rahmen ihres Studiums der Diplom-Pädagogik an der Universität Bielefeld von 2001-2005 entstand diese Diplomarbeit. Sie ist Mitglied in dem Verein „Initiative Bielefelder Kindermuseum e.V.", welcher zurzeit daran arbeitet durch ein Kindermuseum das kulturelle Angebot der Stadt Bielefeld zu erweitern. Von 2005-2006 absolviert sie an der Strathclyde University in Glasgow, Schottland den Master of Science in Marketing.

To touch is to explore,
to explore is to discover,
to discover is to learn.

- Shenandoah Valley Discovery Museum

Inhaltsverzeichnis

1. Einführung

In den letzten Jahren hat sich die Entwicklung der Kindermuseen verstärkt. Erst im Januar 2004 wurde das bisher neueste und modernste Kindermuseum, das Atlantis, in Duisburg eröffnet.

Schon vor meinem Studium habe ich in der Phänomenta in Lüdenscheid, einer Ausstellung, die sich mit physikalischen Phänomenen befasst, ein Praktikum absolviert. Des Weiteren habe ich unterschiedliche Kindermuseen und Science Center in Deutschland besucht, wie z.b. das MachMit Museum in Aurich, das MitMach Museum in Minden und das Universum Bremen. Dieses Praktikum, die Besuche der Science Center und Kindermuseen hier in Deutschland und die Erfahrungen, die ich bei Besuchen von Kindermuseen (z.b. das Children's Museum of Indianapolis) und Science Centern (z.b. das Franklin Institut in Philadelphia, Pennsylvania und das Science Center in Hartford, Connecticut) während verschiedener USA-Aufenthalte gesammelt habe, haben mich sehr fasziniert und ich habe mich von da an verstärkt für das Thema Kinder- und Jugendmuseen interessiert. Im Sommersemester 2004 habe ich das Seminar „Kindermuseen" bei Angela Kahre an der Universität Bielefeld besucht und mich entschlossen für die Diplomarbeit dieses Gebiet auszuwählen.

1.1. Material- und Informationssuche

Zunächst habe ich mich bemüht Literatur zu diesem Thema zu finden. Da es in der Universitätsbibliothek nur wenig Literatur zu diesem speziellen Thema gibt, habe ich meine Suche auch auf die Fernuniversität Hagen und über die Fernleihe auf weitere Bibliotheken ausgedehnt. Zusätzlich habe ich im Internet nach Webseiten über Kindermuseen gesucht, um diese zu bitten mir neue praxisorientierte Materialien zukommen zu lassen und um weitere Informationen zu erhalten.

Da der Ursprung der Kindermuseen in den USA liegt, habe ich mich auch an amerikanische Einrichtungen gewandt. Über das Internet bin ich auf Webseiten von Kindermuseen in Europa gestoßen, die ich ebenfalls angeschrieben habe.

Der Fragebogen (in einer englischsprachigen und einer deutschsprachigen Variante), den ich, hauptsächlich per Email an die Museen geschickt habe, um Ihnen das Zusammensuchen von Informationen zu erleichtern, findet sich im Anhang A.

1.2. Rücklauf der Museen

Viele der angeschriebenen Kindermuseen haben mir schon innerhalb der ersten zwei Wochen nach Versand der Fragebögen geantwortet. Einige haben mir lediglich den ausgefüllten Fragebogen zurückgeschickt, andere haben mir ganze Publikationen und viele Flyer und weitere Materialien zukommen lassen. Manche Museen haben sich bei mir dafür entschuldigt, dass sie zu wenig Zeit und Personal hätten, um mir Informationen zu schicken, die meisten haben sich aber gar nicht auf meine Anfrage gemeldet.

Von den insgesamt 238 weltweit angeschriebenen Museen haben mir 34 den Fragebogen ausgefüllt zurückgeschickt. Bei diesen Museen, die im Anhang aufgelistet sind, möchte ich mich gerne für ihre Hilfsbereitschaft und die reichlichen Materialien bedanken.

Sehr interessant fand ich den Hinweis des Universums Bremen und der Phänomenta Lüdenscheid, dass sie kein (Kinder-)Museum seien, sondern ein Science Center. Obwohl Science Center nach dem „Hands on!" Prinzip, welches ich im Verlauf dieser Arbeit noch näher erläutern werde, verfahren, lassen sie sich nicht in die Kategorie Museum einordnen, sondern bilden ihre eigene Kategorie. Zielgruppe der Science Center sind nicht ausschließlich Kinder und Jugendliche und die Angebote sind auch nicht, sieht man von möglichen Überschneidungen mal ab, an den Bedürfnisse und Interessen dieser orientiert. Vielmehr wollen die Science Center interessierte Jugendliche, Erwachsene und Schulklassen ansprechen. Sie haben den Bedarf frühzeitig erkannt und eine Nische für sich erobert. Dass ein Bedarf vorhanden war und immer noch ist, lässt sich davon ableiten, wie viele Erwachsene man, auch ohne Kinder, in Kinder- und Jugendmuseen antrifft und wie gut auch bei ihnen das Prinzip des „Hands on!" ankommt.

1.3. Aufbau der Arbeit

Ziel dieser Arbeit ist es einen Überblick über das Feld der Kinder- und Jugendmuseen, ihrer Entwicklung und ihrer Praxis zu geben.

Das Thesenpapier zur Zukunftskonferenz „Kommunale Jugendhilfe in Bonn: Quo Vadis?"
am 09. März 2001 fasst die wichtigsten Punkte eines Kinder- und Jugendmuseums in sechs
Thesen zusammen (Initiative Kinder- und Jugendmuseum Bonn e.v., Anhang B):

- „Investitionen in die Kinder und Jugendlichen sind unumgänglich, da sie die auf sie
  zukommenden gesellschaftlichen und wirtschaftlichen Prozesse bewältigen, gestalten und lenken werden müssen und dazu Kraft, Mut, Fantasie, Visionen, Kenntnisse, Fähigkeiten, Prozesse in ihrer Vernetztheit zu denken und Selbstvertrauen benötigen werden.

- Ein möglicher Ort, den jungen Menschen in seiner Entwicklung zu stärken, ist das
  Kinder- und Jugendmuseen, ein integrativer Kultur-, Lern- und Freizeitort für Kinder, Jugendliche und Familien.

- Gegenstand sind ‚die Dinge, die die Welt bedeuten', Phänomene aus Kunst und
  Kultur, Technik, Geschichte und Natur.

- Ziel wie Methode ist neben den musealen Prinzipien des Sammelns, Ordnens, Erforschens und Bewahrens: wahrnehmen ‚mit allen Sinnen' – spielend erkennen –
  selber schaffen und das in seiner Ganzheit und Unmittelbarkeit, also das Begreifen
  der Welt nach dem Vermittlungsprinzip ‚hands-on'.

- Kinder- und Jugendmuseen sind Schnittstelle zwischen Kindergärten, Schulen sowie den anderen städtischen Jugendeinrichtungen: sie bieten ein Präsentationsforum und die Möglichkeit, interaktive Erlebnisausstellungen aus der Kinder- und
  Jugendmuseumsszene zugänglich zu machen.

- Kinder- und Jugendmuseen verstehen sich nicht als Konkurrenz zu den bestehenden Museen mit ihren museumspädagogischen Angeboten, sondern durch ihren besonderen Ausgangspunkt als Bereicherung der Kinder- und Jugendszene."

Die genannten Punkte finden sich in dieser Arbeit wieder und werden in verschiedenen
Kapiteln ausführlicher erläutert.

Nach einer Einführung ins Thema (Kapitel 1) geht es zunächst darum die historische Entwicklung der traditionellen Museen im Allgemeinen und die Museumspädagogik darzustellen (Kapitel 2).
Im dritten Kapitel wird der klassische Museumstyp vom Typ der Kindermuseen abgegrenzt und Unterschiede bzw. Gemeinsamkeiten dargestellt. Darauf folgend werden die

verschiedenen Typen von Kinder- und Jugendmuseen näher erläutert und ihre Ziele und Aufgaben vorgestellt.

Des Weiteren werden die theoretischen Wurzeln der Grundkonzeptionen der Kinder- und Jugendmuseen beschrieben und nun auch die Entwicklung der ersten Kindermuseen zunächst in den USA und dann in Deutschland dargestellt.

Ich werde mich mit der Frage beschäftigen, warum es überhaupt Kinder- und Jugendmuseen gibt und ob diese unter einem pädagogischen Hintergrund als alternative Bildungsstätten gelten können und was für eine Legitimation sie haben.

Ein Schwerpunkt liegt auf der Praxis der Kinder- und Jugendmuseen. Hierzu werde ich zunächst theoretisch die Vermittlungsmethoden der Museen, also z.B. Ausstellungen, Führungen, Arbeitsblätter, Schulprogramme, Demonstrationen, Workshops sowie die „Museen auf Rädern" und die Partizipation der Kinder, beleuchten, bevor ich im vierten Kapitel die Praxis einzelner Museen aus Deutschland und den USA genauer vorstellen werde.

Wie die Konzeption eines Kindermuseums vonstatten gehen kann, möchte ich im fünften Kapitel anhand eines praktischen Beispiels erläutern. Im oben erwähnten Seminar wurde der Gruppe die Aufgabe gestellt, zu einem von sechs verschiedenen Themen (Familie, Labyrinth, Formen und Farben, Fliegen, Fließen, Zeit) ein Konzept für ein Kindermuseum zu entwickeln. Da ich zu der Gruppe gehöre, die das Thema „Familie" übernommen hat, werde ich unser Vorgehen, als eine Möglichkeit des Herangehens, exemplarisch vorstellen.

Zum Abschluss meiner Arbeit werde ich zusammenfassend die Bedeutung der Kinder- und Jugendmuseen in der heutigen Zeit beschreiben und auf meine Erfahrungen eingehen (Kapitel 6).

2. Traditionelle Museen

Um zu erklären, was das Spezifische eines Kinder- und Jugendmuseums ist und wodurch es sich von traditionellen Museen abgrenzt, ist es wichtig zunächst auf die traditionellen Museen, ihre Aufgaben und Ziele und ihre historische Entwicklung einzugehen. In diesem Kapitel werde ich mich hauptsächlich auf die Ausführungen von Schreiber (1998) beziehen, da mir diese als am schlüssigsten erscheinen.

2.1. Begriffsbegrenzung und Funktionen traditioneller Museen

Das Museum ist in seiner Funktion zunächst eine am Objekt orientierte Institution, ein Ausstellungsort von Sammlungen (vgl. Schreiber 1998, S. 7). Bis heute steht der im 19. Jahrhundert erhobene Bildungsanspruch der Museen zur Debatte. Schreiber (1998, S. 8) bezeichnet das Museum in diesem Zusammenhang als „soziales Gedächtnis" oder „kollektive Erinnerung".

Zu den klassischen Aufgaben eines Museums gehören das Sammeln, das Bewahren, das Erforschen, das Ausstellen und das Vermitteln. Je nach Museumsgattung werden diese Aufgaben unterschiedlich stark gewichtet.

Das Sammeln war schon in der Frühzeit ein wichtiger Bestandteil des Lebens, da es dem Überleben diente. In der auch als „Jäger und Sammler" bezeichneten Gemeinschaft von Menschen sammelten schon die Frauen Früchte und Holz, um das Überleben ihres Stammes zu sichern. Später ging man zur Bevorratung über (vgl. Museumsmagazin 2004, S. 7). Auch die Vorläufer der heutigen Museen, die fürstlichen Kunstkammern, und die Kuriositätenkabinette und Schatzkammern, waren Sammlungen, die einer kleinen Elite zugänglich waren. Heute gibt es ebenfalls noch Museen, die aus privaten Sammlungen entstanden sind, wie z.b. das Bananenmuseum von Bernhard Steilmacher an der Ostsee (vgl. Baukhage 2004, 7, S. 72).
In den Museen wird das Sammeln als systematisches Zusammentragen von Kulturgütern angesehen (vgl. Jacobs 1995, S 57). Ziel dieser Tätigkeit ist es das Erbe der Menschheit und der Natur zu bewahren.

Als bewahrenswert gelten grundsätzlich Kostbarkeiten materieller und ideeller Art. Daher gehört das Bewahren der Objekte vor Verlust und Verfall zu den wichtigsten Aufgaben des Museums (vgl. Museumsmagazin 2004, S. 27).

Die wissenschaftliche Forschung im Zusammenhang mit den Objekten und Abteilungen eines Museums ist ebenfalls Grundlage der Ausstellungstätigkeit.

Die Aufgaben Ausstellen und Vermitteln werden häufig zusammengefasst und sind das Ergebnis des Sammelns, Bewahrens und Forschens. Auch die Museumspädagogik fällt in diesen Bereich.

2.2. Historische Entwicklung

Die antike Vorform der Museen ist das „mouseion", der Palast des Ptolomäus, der im dritten Jahrhundert v. Chr. in Alexandria entstanden ist, welches eine Antikensammlung und eine Bibliothek beherbergte. Der Bildungsgedanke stand bei dieser Museums-Vorform im Vordergrund (vgl. Schreiber 1998, S. 9).

Im Gegensatz dazu dienten die Schatz- und Reliquienkammern des Mittelalters lediglich zur Präsentation von Sammlungen (ebd.). Die Besitzer wollten nicht bilden, sondern ihren eigenen Reichtum und ihre Macht demonstrieren.

Erst in der Renaissance trat der Bildungsgedanke wieder stärker in den Vordergrund. Zu den Naturalienkabinetten, Kunst- und Wunderkammern in dieser Zeit waren der Adel und die Gelehrtenschaft die einzigen zugelassenen Besucher (ebd.), die breite Öffentlichkeit hatte keinen Zutritt.

Im Zeitalter der Aufklärung und der Französischen Revolution wurden „Sammlungen als potenzielle Orte der Bildung nun auch der Öffentlichkeit zugänglich gemacht" (vgl. Schreiber 1998, S. 9).

Im 19. Jahrhundert waren die öffentlichen Museumsgründungen in Deutschland hauptsächlich auf fürstliche Bestrebungen zurückzuführen. Im Mittelpunkt standen dabei vor allem die Kunstmuseen, die „nicht mehr Vorbilder für Künstler und Bildungselemente für eine kleine geistige Elite darstellten, sondern [...] als ‚Tempel der Kunst und der Musen' angesehen wurden, in denen die Kunstwerke einen Wert an sich erhielten" (Schreiber 1998, S.

10). Neben diesen Kunsttempeln etablierten sich ab Mitte des 19. Jahrhunderts auch naturwissenschaftliche und bürgerliche Museen, die im Sinne von Lehrmittelsammlungen aufgebaut und nach didaktischen Gesichtspunkten gegliedert waren.

Die Volksbildungsbewegung forderte allerdings 1880 eine Vermittlungsarbeit für die breite Öffentlichkeit. Als Reaktion darauf gab es zunehmend Angebote für die Arbeiterschicht und die Beschriftung der Ausstellungsstücke wurde selbstverständlicher (vgl. Schreiber 1998, S. 11). 1903 manifestierte sich die Forderung nach einer öffentlichen und allgemeingültigen Bildungsfunktion der Museen in der Konferenz „Museen als Volksbildungsstätten". Die Teilnehmer setzten sich für die bildungspolitische Nutzung des Museums ein und forderten eine Erziehung breiterer Schichten im Museum (vgl. Schreiber 1998, S. 11).

2.3. Museumspädagogik

2.3.1. Historische Entwicklung

Ende des 19. Jahrhunderts bis in die 20er Jahre wurde der Einbezug von Kindern und Jugendlichen in die Bildungsarbeit der Museen durch kleinere Projekte erprobt. Ein unter diesem Aspekt zu nennender Name ist der Alfred Lichtwarks (1852-1914), der Leiter der Hamburger Kunsthalle war und sich kritisch mit der damaligen Situation der Museen auseinander gesetzt hat. Seine Forderung war die ästhetische Erziehung von Kindern. Schon 1897 hielt er dialogische Führungen mit Schulklassen ab, die der Übung der Betrachtung von Kunstwerken dienten. Grundlage dieser Führungen war jedoch nicht die Aneignung von Wissen, sondern die Ausbildung der Fähigkeit Kunstwerke zu betrachten (vgl. Schreiber 1998, S. 11f).

Eine weitere wichtige Person ist Oskar von Miller (1855-1934). Er gründete von 1903 bis 1906 das „Deutsche Museum von Meisterwerken der Naturwissenschaft und Technik" in München. In diesem Museum versuchte er von Beginn an die öffentlichen Bildungsbestrebungen zu verwirklichen und die Zusammenarbeit zwischen Schule und Museum zu fördern. In diesem Sinne führte von Miller ab 1906 eine Ermäßigung des Eintritts für Schulklassen ein und bot ab 1907 Fortbildungsprogramme für Berufsschullehrer auf naturwissenschaftlich-technischem Gebiet an (vgl. Schreiber 1998, S. 12f). 1910 wurde das Führungsprogramm dann auch auf die fünften bis achten Klassen ausgeweitet.

Zusammen mit dem Reformpädagogen Georg Kerschensteiner (1854-1932) erarbeitete von Miller ein Konzept für ein Museum, welches als Stätte der Belehrung für das ganze Volk dienen sollte. Durch die geistige Nähe zur Theorie des erfahrungsbezogenen Lernens nach John Dewey fließen auch erlebnishafte Vermittlungsmethoden, „die nicht nur zu isolierten Betrachtungen, sondern darüber hinaus zur Erkenntnis von Wirkungszusammenhängen befähigen" (Schreiber 1998, S. 13) sollen, in das Konzept ein. Daraus ergaben sich museumspädagogische Maßnahmen, wie die gezielte Auswahl, Gliederung und Verknüpfung der einzelnen Objekte anstelle eines „je mehr, desto besser" - Denkens. Es wurden einfache Versuchseinrichtungen installiert, welche die Besucher, meist durch Knopfdruck, selbstständig bedienen konnten. Zusätzlich wurden Texterläuterungen, Schautafeln, pädagogisch-didaktische Hilfsmittel (z.b. aufgeschnittene und bewegliche Modelle) zur Erläuterung einzelner Arbeitsgänge angebracht. Weitere museumspädagogische Maßnahmen waren ein regelmäßiges Führungsangebot, schriftliche Führer, Plakatankündigungen und die Einrichtung einer Bibliothek (vgl. Schreiber 1998, S. 13f).

Sowohl Lichtwarks als auch von Millers Beispiele zeigen den Beginn einer Entwicklung von museumspädagogischen Aktivitäten.

Im Nationalsozialismus wurden diese Bestrebungen jedoch unterbrochen, da die Kulturpolitik zu Propagandazwecken „gleichgeschaltet" wurde (vgl. Schreiber 1998, S. 15).

In den ersten zwei Jahrzehnten nach dem zweiten Weltkrieg war die Konzentration auf die Wiederherstellung und Ergänzung der Sammlungen gerichtet. Erst die sogenannte „Museumskrise" und die reformpädagogischen Bestrebungen der 60er Jahre dienten als „Ausgangspunkt für eine erneute Besinnung auf die Bildungs- und Vermittlungsaufgaben des Museums" (Schreiber 1998, S. 16).

Sowohl die reformpädagogischen Bestrebungen, die nach neuen Lernformen und Lernräumen im außerschulischen Bereich suchten, als auch das Museumswesen, welches sich durch die Öffnung nach außen steigende Besucherzahlen erhoffte, trieben diese Entwicklung voran.

In den folgenden Jahren etablierte sich die Museumspädagogik durch die Gründung verschiedener museumspädagogischer Zentren und Dienste (vgl. Schreiber 1998, S. 17) immer mehr und ist heute oft ein fester Bestandteil der Museen.

2.3.2.   Versuch einer Begriffsbegrenzung

Die Museumspädagogik vermittelt zwischen den musealen Objekten und ihrer Bedeutung und dem Besucher.

Man kann daher ein didaktisches Dreieck aufzeigen, ähnlich dem in der Schule verwendeten:

Exponat (Ausstellungsgegenstand, welcher der Vermittlung bedarf)

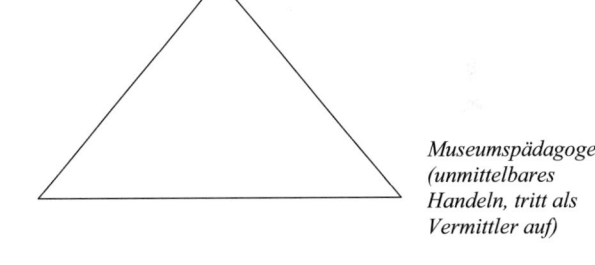

Besucher (ist meist
freiwillig im Museum
und bringt eigene Er-
wartungen
und Interessen mit)

Museumspädagoge
(unmittelbares
Handeln, tritt als
Vermittler auf)

Abbildung 1
(in Anlehnung an Schreiber 1998, S. 20 und von Freymann 1988, S. 14)

Ziele dieses Vermittlungsprozesses ist das Aufbereiten und Anbieten von Informationen, die dem Laien das Objekt verständlich machen, Interesse bei ihm wecken und Denk- und Lernprozesse anstoßen (vgl. von Freymann 1988, S. 25). Die Museumspädagogik geht demnach über das reine Vermitteln von Informationen hinaus und will auch die Erziehung, Bildung und Sozialisation des Menschen verfolgen (vgl. Schreiber 1998, S. 20). Weschenfelder/Zacharias (1981, S. 13) sehen die Museumspädagogik daher als eine „Erziehung auf das Museum hin, im Museum, durch das Museum und vom Museum ausgehend".

Grundsätzlich kann man die Museumspädagogik als Entwicklung von didaktisch interessanten Vermittlungsangeboten sehen, die einmal die mediale und einmal die personelle Vermittlung umfassen (vgl. Jacobs 1995, S. 59). Unter medialer Vermittlung versteht man nach Jacobs (1995, S. 59) Schausammlungen, Ausstellungen, Objektbeschriftungen, grafische Darstellungen, Fotos, Videos, Filme, inszenierte Spielräume sowie Kataloge und Informationsblätter. Personelle Vermittlung umfasst die Bereiche Führungen, Demonstrationen, Spiele, Projekte, Exkursionen, Kurse und weiterführende Veranstaltungen (ebd.). Diese Unterschiede finden sich auch in einem Teilsystem der Pädagogik: der Didaktik, oder genauer der Museumsdidaktik. Weschenfelder und Zacharias (1981, S. 15f) sehen zwei Anwendungsbereiche der Didaktik im Museum. Zum einen die Ausstellungs- und Präsentationsdidaktik und zum anderen die Didaktik der Museumspädagogik.

Die Ausstellungs- und Präsentationsdidaktik betrifft Überlegungen vor allem in den Aufgabenfeldern Bilden und Vermitteln im Bereich der Präsentation von Objekten und Informationen. Sie betrifft nur nicht-absichtvolles pädagogisches Handeln.

Im Gegensatz dazu sind „Überlegungen zu allen Situationen personaler Vermittlung und absichtsvollen pädagogischen Handelns im Museum" (Weschenfelder/Zacharias 1981, S. 16) als eigentliche Didaktik der Museumspädagogik zu sehen.

2.3.3.   Heutige Situation der Museumspädagogik

Nach Schreiber (1998, S. 18) befindet sich die heutige Museumspädagogik „auf der Suche nach einer auf den eigenständigen Lernort Museum ausgerichteten Didaktik, die sich von der schulischen Orientierung und Ausrichtung löst". Museumspädagogische Angebote müssen sich nicht nur an den Interessen der Zielgruppe orientieren, sondern auch das Museum als Teil der Freizeitindustrie ausrichten.

Die Museumspädagogik ringt jedoch immer noch um Anerkennung bei der Mitsprache der allgemeinen Museumsarbeit und bei der finanziellen Förderung. Oftmals wird die Museumspädagogik als Mittel zum Zweck angesehen, um rückläufigen Besucherzahlen entgegenzuwirken (vgl. Schreiber 1998, S. 19).

Eine Verbesserung dieser Situation ist in Zukunft anzustreben. Meines Erachtens tragen gerade die Kinder- und Jugendmuseen dazu bei, da sie ein mögliches Modell der Umsetzung liefern und Raum bieten, um neue Konzepte auszuprobieren.

Impressionen 1

3. Kinder- und Jugendmuseen – ein Überblick über Entstehung, Situation und Legitimation

Dieses Kapitel soll einen Überblick geben über das Spektrum der Kinder- und Jugendmuseen.

Zunächst sollen die Kinder- und Jugendmuseen abgegrenzt werden von den traditionellen Museen, um anschließend die verschiedenen Typen darzustellen und ihre Aufgaben und Ziele zu beschreiben.

Ein weiterer Aspekt ist die Entstehung dieser Museumsgattung in den USA und in Deutschland. Die Frage, welche Legitimation Kinder- und Jugendmuseen haben und wie die Umsetzung der Museumspädagogik in diesen aussehen kann, wird ebenfalls erläutert.

3.1. Was ist ein Kinder- und Jugendmuseum? Begriffsbegrenzung im Unterschied zum traditionellen Museum

Zurzeit gibt es noch keine allgemeingültige Definition, was ein Kinder- und Jugendmuseum ist und was es ausmacht.

Die freie Enzyklopädie Wikipedia (http://de.wikipedia.org/wiki/kindermuseum) beinhaltet jedoch einen Beitrag, in dem das Kindermuseum folgendermaßen definiert wird:

„Ein **Kindermuseum** [Hervorheb. im Original] ist ein ‚Welterforschungsort', der auf die Bedürfnisse von Kindern zugeschnitten ist. Ziel ist, mittels ‚Learning by doing' und ‚Hands on' die Neugier und Kreativität der Kinder zu wecken.“

Wenngleich einige der wichtigen Aspekte eines Kinder- und Jugendmuseums aufgegriffen werden, ist dieser Versuch einer Definition sehr offen gehalten, was aber auch dem Wesen der Kinder- und Jugendmuseen entspricht. Kein Kinder- und Jugendmuseum gleicht dem anderen, sie alle haben unterschiedliche Ansätze, thematische Gewichtungen und Organisationsformen und stellen somit eine Vielfalt und Offenheit dar, „die dem Selbstverständnis der Institution als eigenständiger Kulturort entspricht“ (Schreiber 1998, S. 21).

Gemeinsam ist den Kinder- und Jugendmuseen aber ihre Orientierung an den Besuchern und ihr Ziel Kindern und Jugendlichen einen Zugang zu Kultur, Wissenschaft und Technik zu verschaffen (vgl. König 2002, S.93) und ihnen direkte Erlebnisse und Erfahrungen zu ermöglichen (vgl. Kolb 1983, S. 20).

Die deutsche Bezeichnung „Kinder- und Jugendmuseum" entstand aus dem amerikanischen Begriff „Children's Museum". Jedoch ist dieses keine korrekte Übersetzung und führt vielfach zu Missverständnissen, wie z.b. der Annahme, dass dort Kindheit thematisiert wird oder der doch sehr ironischen Annahme, dass Kinder ausgestellt werden. Durch den Genitiv drückt der amerikanische Begriff aus, dass das Museum ein Museum der Kinder ist, was auch die korrekte Übersetzung wäre, da die Zielgruppe der Kinder und Jugendlichen ein Hauptkriterium dieser Museumsgattung ist. Ihre Konzeption richtet sich nämlich nicht nach übergeordneten Themengebieten aus, sondern vor allem nach ihrer Zielgruppe, der vier bis 14-Jährigen, die nicht nur als Einzelpersonen, sondern auch im Gruppenverband und in Begleitung von Erwachsenen bzw. Eltern und Geschwistern angesprochen werden (vgl. Schreiber 1998, S. 21).

Während sich die traditionellen Museen in Kategorien wie Heimatmuseum, Naturkundemuseum, Kunstmuseum etc. einordnen lassen, erstreckt sich die Vielfalt der Themen der Kinder- und Jugendmuseen von Phänomenen der Natur über historische und gegenwärtige Alltagskultur, Kunst, Wissenschaft und Technik bis hin zu Problemfeldern wie z.b. Ökologie und Dritte Welt (vgl. Liebich 1995, S. 152).

Den Kinder- und Jugendmuseen geht es dabei vor allem darum, die kindlichen Interessen und die Bedürfnisse der Kinder und Jugendlichen aufzugreifen und die Ausstellungsthemen nach ihren Seh- und Lerngewohnheiten zu planen. Diese besondere Zielgruppe steht hier im Mittelpunkt, während die traditionellen Museen sich an ihren Themen und Sammlungen orientieren.

Die Themen im Kinder- und Jugendmuseen werden nach den Interessen der Kinder und Jugendlichen ausgesucht und so aufgebaut, dass sie dem Entwicklungsstand der jeweiligen Zielgruppe entsprechen (vgl. Kolb 1983 S. 18ff). Meist wird nämlich nicht die gesamte Zielgruppe mit einem Thema angesprochen, sondern eine kleine Teilgruppe, was besonders auf das Alter zurückzuführen ist, denn es ist sehr schwierig ein Thema so aufzubereiten, dass sich sowohl die Vierjährigen als auch die Vierzehnjährigen gemäß ihren Interessen und ihrem Entwicklungsstand angesprochen fühlen. Diesen Konflikt löst das Kindermuseum des historischen Museums in Frankfurt z.b. durch Ausstellungen, die abwechselnd schwerpunktmäßig für die jüngeren und die älteren Kinder und Jugendlichen gestaltet werden.

Zum Teil werden die Ausstellungsthemen direkt von den Kindern und Jugendlichen ausgesucht und mit vorbereitet und auch das Rahmenprogramm richtet sich teilweise nach den Vorschlägen der Zielgruppe. In den Bemühungen der Kinder- und Jugendmuseen die Kinder und Jugendlichen in die Planung und Durchführung mit einzubeziehen, wird deutlich, dass diese sich in ihren Bedürfnissen und Erwartungen ernst genommen fühlen sollen (vgl. König 2002, S. 93).

Im Vordergrund stehen im Kinder- und Jugendmuseum nicht die Objekte, sondern vor allem die Tätigkeiten und das eigene Handeln. Von den Aufgaben der Museen liegt der Schwerpunkt jener Museen auf dem Vermitteln und Bilden (vgl. Schreiber 1998, S.22).

Im Unterschied zu den traditionellen Museen, die ihre Objekte in Ausstellungen nach wissenschaftlichen Kriterien gliedern und präsentieren und versuchen die Vergangenheit darzustellen, arbeiten Kinder- und Jugendmuseen vorrangig programmorientiert. Ausstellungsobjekte werden nach den Interessen und Bedürfnissen der Kinder und Jugendlichen und nach ihrem Entwicklungsstand ausgewählt. Inhaltlich und thematisch wird ein enger Bezug zur lebensweltlichen Erfahrung hergestellt (vgl. Schreiber 1998, S. 23f). Dieser Bezug zur alltäglichen Lebenswelt und zu aktuellen Phänomenen schlägt sich auch in den Ausstellungstiteln nieder. So wurde z.B. die Ausstellung über Probleme von Personen mit Behinderungen „What if you couldn´t…" genannt und nicht „Problems of disabled people in our world". Kinder und Jugendliche fühlten sich dadurch persönlich angesprochen, das Thema wurde somit für sie interessanter und sie konnten selbst erleben, wie es ist eine Behinderung zu haben und die Probleme der jeweiligen Behinderungen in unserer Welt durch eigenes Ausprobieren erfahren.

Die Kinder- und Jugendmuseen gehen von der Gegenwart aus, weil diese für die Kinder und Jugendlichen eine vertraute Basis darstellt, von der aus sie an die Vergangenheit oder die Zukunft bzw. an andere Kulturen und alles, was dem Kind fremd ist, herangeführt werden können. Die Aneignung dieser fremden Themen geschieht durch das Spiel bzw. den handelnden Umgang mit den Dingen (vgl. Kolb 1983, S. 27).

Während traditionelle Museen häufig als Ort der Beschaulichkeit und Stille beschrieben werden, bezeichnet Popp (1993, S. 6) die Kinder- und Jugendmuseen als „Ort zwischen Kindergarten und Disneyland", in dem „Spiel- und Lernsituationen für Kinder, Jugendliche und Eltern so angeboten [werden], daß Lernen Spaß macht". Lernen soll hier ein Lernen mit allen Sinnen sein, das Kinder- und Jugendmuseum ein lebendiges Experimentier- und Erfahrungsfeld, welches versucht die Welt für die Kinder verständlicher zu machen. Das dahinterstehende Konzept ist das des entdeckenden Lernens, des „Learning by doing" bzw. der Handlungsorientierung. Dies alles sind Schlagwörter für die vorherrschenden Vermittlungsmethoden in Kinder- und Jugendmuseen. Wissen soll auf spielerische und interaktive Art und Weise vermittelt werden (vgl. König 2002, S. 9) und nicht durch reine Wissensvermittlung im Sinne des Frontalunterrichts.

König (2002, S. 93) führt des Weiteren aus, dass die Kinder- und Jugendmuseen als außerschulische Bildungsorte neue Lernformen und –erfahrungen bieten, welche den Anspruch haben „Erkenntniswerte" mit „Erlebniswerten" zu verbinden. Der Begriff Edutainment, der sich aus den Begriffen „Entertainment" für Unterhaltung und „Education" für Bildung zusammensetzt, beschreibt dies am treffendsten.

„Die vorherrschende Form von Lernen und Erfahrung [...] ist die *tätige*, und nach Möglichkeit *selbstbestimmte Aneignung* durch die Besucher selbst." (Liebich 1995, S. 148 [Hervorheb. im Original]). Ziel ist es durch die praktischen Tätigkeiten das Interesse der Kinder und Jugendlichen zu wecken und sie an die Thematik heranzuführen. Der unmittelbare Kontakt zu den Objekten soll ein spielerisches Lernen auslösen und die Möglichkeit bieten eigene Entdeckungen und Erfahrungen zu machen (vgl. Schreiber 1998, S.24).

Zur besseren Übersicht habe ich noch einmal die wichtigsten Kriterien der Kinder- und Jugendmuseen in einem Schaubild zusammengestellt:

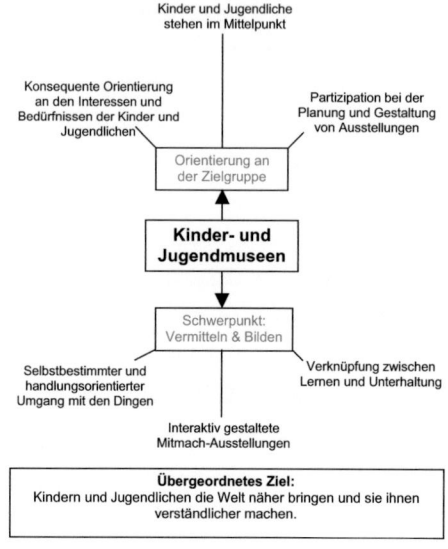

Abbildung 2

Hands on!

Da besonders auch der Hands on! - Ansatz eine der verbreitetesten Methoden der Vermittlung in Kinder- und Jugendmuseen ist, werde ich diesen hier noch genauer erläutern.

Der methodische Ansatz des Hands on!, also des Anfassen und Begreifens, leitet sich aus der Zielgruppenorientierung der Kinder- und Jugendmuseen ab und unterscheidet sich sehr wesentlich von dem rezeptiven Ansatz der traditionellen Museen. Besucher werden bei diesem Ansatz dazu aufgefordert sich durch Partizipation und Interaktion an der Ausstellung zu beteiligen.

Viele der traditionellen Verbote in Museen sind in den Kinder- und Jugendmuseen aufgehoben. Die Kinder und Jugendlichen können alles berühren, sich frei bewegen, was auch das Toben mit einbindet, und werden auch nicht dazu angehalten still zu sein.

Das Museumspersonal ist beim Prozess des Entdeckens und Lernens als Helfer und Animateur gefragt, welcher auf Objekte aufmerksam machen, Fragen beantworten und Informationen und Aktivitäten anbieten soll (vgl. Schreiber 1998, S.25).

Kinder und Jugendliche sollen nach Schreiber (ebd., S. 31) durch den selbstbestimmten und handlungsorientierten Umgang mit den Dingen begreifen, wie etwas funktioniert und die Zusammenhänge in der Welt verstehen lernen.

Im Laufe der Zeit wurde dieser Ansatz durch das Schlagwort „Minds on!" erweitert, da Anfassen alleine den Kindern und Jugendlichen nicht bei der Verständlichmachung der Welt hilft und auch keine Qualität darstellt (vgl. König 2002, S. 98f). Erst wenn „Hands on!" und „Minds on!" kombiniert werden, wird der Doppeldeutigkeit des Begriffs „Begreifen" Rechnung getragen.

3.1.1.   Typen von Kinder- und Jugendmuseen

In Deutschland gibt es viele verschiedene Typen von Kinder- und Jugendmuseen.

Zum einen gibt es Kinder- und Jugendmuseen, die an andere traditionelle Museen angegliedert sind. Meistens sind diese thematisch, verwaltungstechnisch und finanziell mit dem Hauptmuseum verbunden (vgl. Schreiber 1998, S. 112). Zu dieser Kategorie gehören z.B. das Kindermuseum des Historischen Museums in Frankfurt, das Kinderreich des Deutschen Museums München und das Jugend Museum Schöneberg.

Des Weiteren gibt es mobile Kinder- und Jugendmuseen. Diese haben außer Verwaltungs-, Büro- oder Lagerräumen keine festen Räumlichkeiten, in denen Ausstellungen oder Aktivitäten durchgeführt werden könnten (vgl. Schreiber 1998, S. 113). Das Mobile Kindermuseum FZH Vahrenwald und das Museum unterwegs Meißen e.V. arbeiten z.B. nach diesem Prinzip und fahren mit ihren Ausstellungen zu den Besuchern.

Zur dritten Gruppe, der temporär arbeitenden Kinder- und Jugendmuseen, gehören alle Initiativen, die zunächst durch Ausstellungen in angemieteten Räumlichkeiten auf sich aufmerksam machen bzw. ihr Konzept in der Praxis erproben wollen (vgl. Schreiber 1998, S. 113). Die Initiative Kindermuseum Bielefeld e.V. fällt in diese Kategorie, ebenso wie die Initiative Kinder- und Jugendmuseum Bonn e.V..

Neben diesen drei Gruppen gibt es nach Schreiber (1998, S. 113) noch die eigenständigen Kinder- und Jugendmuseen, die über eigene Räumlichkeiten verfügen und sich unabhängig von anderen Einrichtungen verwalten. Das Atlantis in Duisburg und das Labyrinth Kindermuseum Berlin gehören in diese Kategorie.

Obwohl auch die Science Center nach ähnlichen Prinzipien wie die Kinder- und Jugendmuseen arbeiten, sind sie nicht den Museen zuzurechnen, da es ihnen eher um die Veranstaltung unterhaltender Aktivitäten geht, während die Museen einen Bildungs- bzw. Ästhetikanspruch haben. In den Science Centern, von denen es mittlerweile weltweit mehr als 400 gibt, wird versucht ein modernes Museumskonzept umzusetzen, welches die Besucher zu eigenständigen und spielerischen Experimentieren anregen soll, um ihnen so technische und naturwissenschaftliche Zusammenhänge und Phänomene nahe zu bringen (vgl. http://de.wikipedia.org/wiki/Science_Center).

Als erstes Science Center wurde 1969 das Exploratorium in San Francisco eröffnet. In Deutschland sind besonders das Universum Bremen und die Phänomenta bekannt. Letztere ist sogar in vier Orten vertreten: Flensburg, Lüdenscheid, Peenemünde und Bremerhaven.

3.1.2.   Ziele und Aufgaben

Übergeordnetes Ziel der Kinder- und Jugendmuseen ist es Kindern und Jugendlichen einen Zugang zu Kunst, Kultur, Wissenschaft und Technik zu ermöglichen (vgl. König 2002, S. 9), um ihnen so die Welt begreifbarer und verständlicher zu machen. Ihre Hauptaufgabe liegt somit im Bereich der Bildung und Vermittlung von Wissensinhalten.

Die Museen wollen den Kindern und Jugendlichen aber auch den Familien ein Angebot machen ihre Freizeit sinnvoll zu gestalten. Gleichzeitig wollen sie auch eine Begegnungs- und Kommunikationsstätte sein. Daher reagieren sie mit ihrem Programm und ihren Ausstellungen ebenso auf aktuelle lebensweltliche Ereignisse als auch auf das kommunale Geschehen. Sie wollen einen Rahmen schaffen, indem Kinder und Jugendliche dem, ihnen zunächst Unbekannten, begegnen können und sich auf eine spielerische Art und Weise selbsttätig damit auseinander setzen können (vgl. Schreiber 1998, S. 34f). Innerhalb dieses Rahmens können die Kinder und Jugendlichen ihre praktischen und problemlösenden Fähigkeiten erproben und ein kreatives Denken entwickeln (vgl. Kolb 1983, S. 75).

Nach Kolb (ebd., S. 74f) wollen die Kinder- und Jugendmuseen durch ihre Angebote die Entwicklung von Wertschätzung an Kunst, Handwerk und Wissenschaft fördern. Ebenfalls sollen individuelle, vielleicht bisher unentdeckte, Talente und Interessen der Kinder und Jugendlichen entwickelt und diese zu permanenten Hobbys gemacht werden.

Indirekt führt dies auch zu einer Verhinderung der Jugendkriminalität, da Kinder und Jugendliche, die ein oder mehrere Hobbys haben, denen sie nachgehen können, seltener straffällig werden (vgl. ebd., S. 74f). Natürlich darf man dabei nicht vernachlässigen, dass Kriminalität ein multikausales Problem ist und daher viele Ursachen haben kann.

Durch die Integration der Kinder und Jugendlichen bei der Ausstellungsvorbereitung und auch im handelnden Umgang mit den Dingen selbst, werden ihre Neugier und ihre Kreativität gefördert. Gleichzeitig werden Freiräume geschaffen in denen sie sich entfalten und verwirklichen können (vgl. König 2002, S. 38).

Zusammenfassend kann man sagen, Kinder und Jugendliche sollen in diesen Museen ihre eigene und fremde Kulturen kennen lernen, auf Zusammenhänge in Wissenschaft und Technik aufmerksam gemacht werden und diese begreifen, um so einen Zugang zur Welt der Erwachsenen zu bekommen und sich in dieser zurechtzufinden (vgl. Schreiber 1998, S. 35).

Neben dieser Aufgabe haben es sich die Kinder- und Jugendmuseen teilweise auch zur Aufgabe gemacht die Schulen und andere Bildungseinrichtungen in ihrem Bildungsauftrag zu unterstützen, sei es durch die speziell vorbereiteten Besuche im Museum oder die mobilen Angebote der Museen, mit denen sie direkt in die Schulen gehen können. Die Ausstellungen und das Rahmenprogramm werden des Weiteren meist interdisziplinär und nicht nach einzelnen Themengebieten gestaltet mit dem Ziel die Anknüpfungspunkte zur gesamten Umwelt exemplarisch zu erfassen (vgl. Schreiber 1998, S. 36).

Kinder- und Jugendmuseen gewinnen nach König (2002, S. 38) immer mehr an Bedeutung und werden zu wichtigen Erlebnis- und Erfahrungsorten, die sich die Aufgabe gesetzt haben, Kindern und Jugendlichen eine Möglichkeit zu bieten Erfahrungen zu machen, die frühere Generationen ganz natürlich in ihrem sozialen Umfeld machen konnten (auf diesen Punkt gehe ich in einem späteren Kapitel ausführlicher ein und werden ihn daher an dieser Stelle nicht behandeln). Natürlich können sie kein Ersatz für die unmittelbaren Erfahrungen sein, aber dennoch bieten sie eine Kompensationsform, die Schulen so nicht leisten können.

Laske (1992, S. 96) beschreibt treffend, was der Unterschied zwischen dem Lernen in einem Kinder- und Jugendmuseum und dem Lernen in der Schule ist: „Wieviel Chancen stecken unter Umständen in einer Pädagogik, die andersherum anfängt, die nicht mit dem Kopf erklärt, was man vielleicht fühlt oder riecht, sondern die eben erst einmal fühlt, riecht, hört oder be-greift, um dann dadurch zu sehen und zu begreifen und erklärt zu bekommen.“

Des Weiteren berichtet sie von Berichten vieler Lehrer und Lehrerinnen, die bemerken, dass während der museumspädagogischen Programme häufig diejenigen Schülerinnen und

Schüler aufblühten und allen überlegen waren, die im Schulunterricht zu den Schlusslichtern gehören.

Grundsätzlich müssen sich Kinder- und Jugendmuseen nach den Bedürfnissen ihrer Zielgruppe, den Besuchern zwischen vier und 14 Jahren, richten und für diese erreichbar und attraktiv sein. Des Weiteren sollten sie ein Ausstellungsort für Kinder und auch von Kindern sein, da die Mitgestaltung enorm wichtig ist, um nicht nur eine Bildungsstätte, sondern auch eine Freizeitstätte zu sein (vgl. Bochning 1997, S. 91).

Abschließend kann man die Ziele und Aufgaben in dem Wahlspruch des Phoenix Family Museums zusammenfassen:

"A place where children play to learn and grown-ups learn to play!"

3.1.3.   Theoretische Wurzeln der Grundkonzeptionen der Kinder- und Jugendmuseen

In diesem Kapitel habe ich die Theorien einzelner Pädagogen und Psychologen, auf deren Erkenntnisse die Grundkonzeptionen der Kinder- und Jugendmuseen zurückgehen, kurz zusammengefasst. Diese Auflistung ist keineswegs vollständig, sondern gibt lediglich eine Auswahl derjenigen Personen an, die man als grundlegend für die Theorien der Kinder- und Jugendmuseen bezeichnen kann. Die Liste lässt sich um viele moderne Pädagogen, Psychologen und andere ergänzen.

Zu jedem der vorgestellten Personen gebe ich einen kurzen Überblick über ihre Theorie, um diese dann im Anschluss auf das Kindermuseum und seine Arbeit zu beziehen.

John Dewey

Abbildung 3[1]

Der Amerikaner John Dewey (1859-1952) ist heutzutage vor allem bekannt im Zusammenhang mit dem Schlagwort „Learning by doing".

Der Fachausdruck „Learning by doing" wurde von Robert Baden-Powell, dem Gründer der Pfadfinderbewegung, geprägt. John Dewey gilt jedoch als wesentlicher Begründer dieses Ansatzes, in dem er Handlungsorientierung und Erfahrungsorientierung verknüpft hat (vgl. http://de.wikipedia.org/wiki/Learning_by_Doing).

Die Entwicklung dieses Erziehungsgedankens hat sich im Laufe seines Lebens aus der Erfahrung entwickelt, dass er eine Beeinflussung seiner Persönlichkeit eher durch Personen und Situationen als durch Bücher wahrgenommen hat.

Er gelangte zu der „Überzeugung, dass die bestehenden Erziehungsmethoden [...] nicht in Übereinstimmung waren mit den psychologischen Prinzipien einer normalen Entwicklung." (Krenzer 1984, S. 140). Diese Überzeugung führte zu dem Verlangen nach einer Schule, die „psychologische Prinzipien des Lernens mit dem Prinzip der kooperativen Zusammenarbeit" (ebd.) vereinen soll. Da für Dewey die Erziehung eine Entwicklung von, durch und für Erfahrung ist, sollte es in dieser Schule primär nicht um die Vermittlung von Wissen, Kenntnissen und Fähigkeiten, sondern um die Vermittlung von Erfahrungen gehen, eben dem so oft zitierten „Learning by doing" (vgl. Krenzer 1984, S.141ff).

Das von Dewey entwickelte „Learning by doing" ist heute noch immer ein Grundgedanke aller Kinder- und Jugendmuseen. In jedem dieser Museen findet man Möglichkeiten aktive Erfahrungen durch Ausprobieren und Experimente zu machen, aus denen man etwas für sein eigenes Leben und Lernen mitnehmen kann. Die Kinder und Jugendlichen werden so immer wieder neu zum Staunen gebracht. Die Themen dort sind des Weiteren eingebunden in einen übergeordneten Kontext, der dem Ziel dient, die Zusammenhänge der Welt verständlich zu machen (vgl. Schreiber 1998, S.42).

---

[1] Quelle: http://en.wikipedia.org/wiki/Image:John_Dewey.jpg

Celestine Freinet

Abbildung 4[2]

Der Pädagoge Celestine Freinet (1896-1966) hat sein Leben lang an der inneren Reform der Schule und des Unterrichts gearbeitet. Schlagwörter sind in diesem Zusammenhang Freiarbeit, Gesamtunterricht, Gruppenunterricht und die Orientierung der Schularbeit an den Interessen des Kindes (vgl. Koch 2000, S. 146).

Auch Freinets Ideen begründen sich, ebenso wie Deweys, aus eigenen Erfahrungen. Freinets Erfahrungen in der Schule mit der Kargheit der Räume, dem autoritären Umgang der Lehrer mit den Schülern und den eintönigen Unterrichts- und Lernmethoden, ließen ihn schon früh den Schulbesuch und das Lernen als unangenehm empfinden (vgl. Koch 2000, S. 147). In seiner Rolle als Lehrer versuchte er demnach die Schule räumlich und inhaltlich zu öffnen. In seinem Unterricht, der häufig im Freien stattfand, lernten die Kinder durch Beobachtung und nicht aus Büchern.

Die Druckerei und die Klassenkorrespondenz sind zwei der bekanntesten Elemente der Erneuerung der pädagogischen Praxis durch Freinet. Die Kinder lernten durch die Klassendruckerei „nicht nur lesen und schreiben, sondern wurden auch motiviert, sich schriftlich auszudrücken und sich gut verständlich mitzuteilen." (Koch 2000, S. 152). Bei der Herstellung der Klassenzeitung mussten die Kinder nicht nur Einzelleistungen bringen, sondern es wurde auch erwartet, dass sie die Fähigkeit entwickelten sich in der Gruppe mit den unterschiedlichen Erwartungen und Bedürfnissen des Einzelnen auseinander zu setzen. Die Rolle des Lehrers spielte eine untergeordnete Rolle. Auch er hatte bei entscheidenden Abstimmungen nur eine Stimme und war den Schülern gleichwertig (vgl. Koch 2000, S. 153).

Für die Betrachtung der Freinet-Pädagogik in Verbindung mit der Praxis in den heutigen Kinder- und Jugendmuseen ist besonders Freinets Aufteilung der Schule in acht Ateliers von Bedeutung.

---

[2] Quelle: http://aks-info.bei.t-online.de/leit.html

Es gab vier Ateliers für elementare Arbeiten:

„1. Atelier: Feldarbeit, Tierzucht;

2. Atelier: Schmiede und Schreinerei;

3. Atelier: Spinnerei, Weberei, Nähwerkstatt, Küche, Hauswirtschaft;

4. Atelier: Bau, Mechanik, Handel." (Koch 2000. S. 154)

Um den Schülern die Vermittlung mit dem Handwerkszeug zu ermöglichen, ist es nötig, dass der Lehrer selbst sich die Informationen darüber besorgt bzw. die Arbeiter und Handwerker in die Schule einlädt. Dadurch wird die „Verbindung von Schule und Leben, Lehrern und Eltern [...] zusätzlich gestärkt." (Koch 2000, S. 154).

Außer den vier Ateliers für elementare Arbeiten gibt es noch vier weitere Ateliers für differenziertere soziale und intellektuelle Beschäftigungen:

„5. Atelier: Forschung, Wissen, Dokumentation;

6. Atelier: Experimentieren;

7. Atelier: Kreativität, graphischer Ausdruck und Kommunikation;

8. Atelier: Kreativität, künstlerischer Ausdruck und Kommunikation." (Koch 2000, S. 154)

Im 5. Atelier befindet sich eine von den Kindern selbst erstellte Dokumentensammlung. Es gibt dort Lexika, eine kleine Arbeitsbibliothek, Landkarten, Schallplatten, Filme etc..

Beim Experimentieren geht es um Botanik und Zoologie und um chemische und physikalische Vorgänge. Die Kinder finden hier z.B. Aquarien und Terrarien, Mikroskope und alles was sie benötigen um chemische und physikalische Grundlagenexperimente durchzuführen. Die beiden letztgenannten Ateliers beschäftigen sich mit der Schuldruckerei, verschiedenstem Lese- und Schreibmaterial und mit Gesang, Musik, Theater und Puppenspiel.

Auch in den Kinder- und Jugendmuseen wird versucht die Welt (der Erwachsenen) für die Kinder verständlich und sie durch Demonstrationen und Workshops begreifbar zu machen. Die Kreativität und der Facettenreichtum der durchaus sehr unterschiedlichen Konzepte der Kinder- und Jugendmuseen lassen sich in den Ateliers nach Freinet wiederfinden. Themen der Kinder- und Jugendmuseen sind z.B. Alltagsgegenstände, Musik, Theater, physikalische Phänomene, Natur und Umwelt etc..

Schaut man sich die Prinzipien der Freinet-Pädagogik an, die Ingrid Dietrich in ihrem Buch „Handbuch Freinet-Pädagogik" zusammengefasst hat, kann man klare Übereinstimmungen mit der Praxis der Kinder- und Jugendmuseen finden. So z.B. das Recht der Schüler auf ihren eigenen Lernprozess und die Selbstbestimmung des eigenen Lernrhythmus (vgl. Dietrich 1995, S. 27). Auch die Kinder- und Jugendmuseen lassen dem Individuum die Freiheit zu entscheiden, welche Themen für es von Bedeutung sind und mit welchen es sich auseinandersetzen möchte. Hier soll das Lernen ebenso wie in der Freinet-Pädagogik „kein Zwang sein, der mit Verdruß und Ärger verbunden ist, sondern Lernen soll Freude machen und mit Erfolgserlebnissen verbunden sein." (Dietrich 1995, S. 27).

Als letztes Beispiel möchte ich die Anleitung zu eigenen Fragestellungen und kritischen Untersuchungen nennen, die dem Kind helfen sollen eigenständiges Denken zu lernen. Dieser Punkt taucht in vielen Konzepten der Kinder- und Jugendmuseen ebenso auf, wie in Dietrichs Liste der Prinzipien der Freinet-Pädagogik.

Wie hier an einigen Beispielen gezeigt wurde, kann man sagen, dass viele Prinzipien der Freinet-Pädagogik auch in der Arbeit der Kinder- und Jugendmuseen umgesetzt werden.

Howard Gardner

Abbildung 5[3]

Gardners Theorie basiert auf der Erkenntnis, dass Kinder vor ihrem Schuleintritt mühelos alles intuitiv lernen und dabei häufig viel Spaß haben. Sie lernen eine, manchmal sogar mehrere Sprachen, sie lernen verschiedene Lieder auswendig, lernen zu tanzen, Musik zu machen und entwickeln ein sehr klares Gefühl für wahr und falsch, gut und böse etc.. Nach ihrem Schuleintritt erscheinen ihnen jedoch die einfachsten Dinge als unüberwindbare Hürden, denn das Lernen in der Schule entspricht einer ganz anderen Art der Aneignung neuer Wissensinhalte als das intuitive Lernen (vgl. Gardner 1993, S.13f).

Gardner (1993), der 1943 geboren wurde, spricht des Weiteren von sieben verschiedenen Typen von Intelligenzen, die dazu führen, dass jeder Mensch auf unterschiedliche Art lernt und die Welt erfährt. Er stellt mit diesen sieben Intelligenztypen vor allen Dingen das Erziehungssystem in Frage, dass auch heute noch davon ausgeht, dass alle Menschen einen

---

[3] Quelle: http://www.ed.psu.edu/insys/ESD/Gardner/menu.html

bestimmten Stoff auf dieselbe Art und Weise lernen können. Er postuliert daher, dass Dinge auf unterschiedliche Arten dargeboten werden sollten und Lernen durch mehrere Methoden erreicht werden kann (vgl. Gardner 1993, S. 25f). Als einen wirksamen Ansatz nennt er die „neue Einrichtung des Kindermuseums" (Gardner 1993, S. 27).

Kinder- und Jugendmuseen setzen verschiedene Methoden ein, um das Lernen anzuregen und das Lernen in diesen Einrichtungen gleicht in seiner Art eher dem intuitiven als dem schulischen Lernen, schon alleine dadurch, dass es freiwillig und ohne Leistungsdruck geschieht. Kinder- und Jugendmuseen sprechen die verschiedenen Intelligenzen der Kinder an und können diese besser fördern als die Schule es kann, da sie nicht nur auf einen Lernertyp fixiert sind, sondern durch ihre Methoden verschiedenste Typen von Lernern anspricht. Gardners Ansatz ist es daher Projekte und Methoden zu entwickeln, wie man die Arbeitsformen von Schule und Museum vermischen kann, damit jeder Mensch effektiver lernen kann und ein echtes Verständnis und nicht nur Angepasstheit erreicht wird.

Hugo Kükelhaus

Abbildung 6[4]

Hugo Kükelhaus (1900-1984) war ein sehr vielseitig orientierter Mensch, der es sich zu seiner Aufgabe gemacht hat, dem Menschen in einer Zeit der modernen und technischen Zivilisation Wege zu sinnlichen Erfahrungs- und Entwicklungsmöglichkeiten aufzuzeigen.

In seinem Buch „Entfaltung der Sinne" werden theoretische Analysen und empirische Studien beschrieben, die darauf hinweisen, dass die „Erweiterung der Möglichkeiten menschlicher Entwicklung und Entfaltung durch die Industriegesellschaften" mit einer „starken Verarmung an sinnlicher Wahrnehmung, an sinnlich-praktischem Wissen und Gestal-

---

[4]Quelle: Lotz 1997

tungsvermögen und an der auf diesen Tätigkeiten aufbauenden seelischen, geistigen und sozialen Fähigkeiten einhergehen" (Kükelhaus/ zur Lippe 1982, S. 59).

Die Frage mit der Kükelhaus sich intensiv auseinandergesetzt hat, war daher die Frage wie „der Mensch wieder leibhaftig werden [kann], fähig zur bewussten Wahrnehmung seiner Organe, um mit sich selbst in Einklang zu kommen." (vgl. http://www.erfahrungsfeld.de). Zu diesem Zweck hat er ab den 60er Jahren ein „Erfahrungsfeld" entwickelt, bei dem den Menschen im aktiven Umgang mit 40 Experimentier- und Spielstationen die Möglichkeit geboten wird, die physikalischen Gesetzlichkeiten im Zusammenhang mit ihren Sinnes-vorgängen und Körperbewegungen zu erfahren. Sein „Erfahrungsfeld" ist dafür gemacht sensibilisierend, bewusstmachend und ausgleichend auf die Defizite der modernen Indust-riegesellschaft einzuwirken

(vgl. http://www.uni-leipzig.de/~angl/kuekelhaus/werwar3.htm). Seine Anlagen sollen so-wohl einen Erholungs-, Spiel- und Lerncharakter als auch einen Therapiecharakter haben. Stationen dieses „Erfahrungsfeldes" sind z.b. der Kräutergarten und die Duft- bzw. Riech-orgel, die den Geruchssinn schulen sollen. Im Kräutergarten sind die Gerüche der ver-schiedenen Gewürze natürlich, d.h. jahreszeitenabhängig verändern sich die Gerüche (vgl. Kükelhaus/zur Lippe 1982, S. 131). In der Duft- bzw. Riechorgel dagegen werden in 32 Rohren alle Grundcharaktere und deren Variationen der Gerüche zusammengefasst. Die sieben Grundgerüche nach Kükelhaus sind: kampferartig, moschusartig, blumig, minzig, ätherisch, stechend und faulig (vgl. Kükelhaus/zur Lippe 1982, S. 137). Weitere Stationen, die ich hier nicht näher beschreiben möchte, gehen auf den Tast-, Orientierungs- und Hör-sinn ein.[5]

Zusammenfassend wollte Kükelhaus sinnliche Erfahrungen ermöglichen, die den Men-schen anregen und ermutigen selbst Fragen nach der Gestaltung ihrer Lebensbereiche zu stellen, so dass sie sich dort mit all ihren Möglichkeiten und Fähigkeiten entfalten können. Wichtig war ihm besonders „Aufforderungen zum Tun" und die „Anleitung zur Selbster-fahrung durch Eigentätigkeit" (vgl. http://www.uni-leipzig.de/~angl/kuekelhaus/ werwar3.htm).

Kükelhaus war im weitesten Sinne ein Vorreiter der Museumspädagogik. Seine Aufforde-rung zum Tun ist heute im Konzept vieler Kinder- und Jugendmuseen enthalten. Des Wei-

---

[5] Weiterführende Informationen zu den einzelnen Stationen gibt das Buch „Entfaltung der Sinne" von Kükel-haus und zur Lippe von 1982 (siehe Literaturverzeichnis)

teren tauchen viele seiner Stationen mehr oder weniger abgewandelt in verschiedenen Kinder- und Jugendmuseen und Science Centern auf. So z.B. die Duft- bzw. Riechorgel und die Tastgalerie in der Phänomenta Lüdenscheid. Das Erfahrungsfeld in Essen versucht dagegen die von Kükelhaus entwickelten Stationen in seinem Sinne unabgewandelt darzustellen.

Maria Montessori

Abbildung 7[6]

Die Montessori-Pädagogik, ein reformpädagogisches Bildungsangebot, wurde von der italienischen Ärztin Maria Montessori (1870-1925) entwickelt und nach ihr benannt. Sie orientiert sich unmittelbar an den Bedürfnissen des Kindes.

Das erste Montessori Kinderhaus wurde 1907 in Rom gegründet und lag in einem sozialen Brennpunkt. Montessoris Ziel war es, die Kinder der dort lebenden Familien zu betreuen. Die im Kinderhaus angewendeten Arbeitsmittel und Methoden wirkten sich „positiv auf die Gemütslage der Kinder, auf ihre Arbeitshaltung und ihre Konzentrationsfähigkeit aus." (Koch 2000, S. 47).

Prinzipien ihrer Methode und der heutigen Montessori-Pädagogik sind die Kinder als ganzen, vollwertigen Menschen zu sehen und zu achten und ihm zu helfen, seinen Willen zu entwickeln, indem man ihm Raum für freie Entscheidungen gibt und ihm hilft selbständig zu denken und zu handeln und damit auch Schwierigkeiten zu überwinden und ihnen nicht auszuweichen (vgl. http://www.montessori.de).

Kernstück der Montessori-Pädagogik ist die Freiarbeit, bei der die Kinder selber wählen können, womit sie sich beschäftigen möchten. Sie bestimmen auch weitgehend selbst ihren Arbeitsrhythmus, die Dauer der Beschäftigung mit einem Thema und die Sozialform.

---

[6] Quelle: http://www.walkerart.org/calendar/9901/images/0124talk01.html

Durch das freie Entscheiden entsteht eine ruhige und entspannte Arbeitsatmosphäre, da die Kinder eine Disziplin entwickeln, die von innen kommt und nicht vom Erzieher vorgegeben wird (vgl. http://www.montessori.de). Die Erzieher verstehen sich ohnehin eher als „Helfer zur Entwicklung selbständiger Persönlichkeiten" (http://www.montessori.de). Viele Kinder- und Jugendmuseen halten die gleichen Prinzipien wie Montessori für wichtig. Auch sie stellen das Kind bzw. den Jugendlichen in den Mittelpunkt und achten es in seiner Eigen- und Einzigartigkeit. Kinder- und Jugendmuseen bieten einen Erfahrungs- und Lernraum, in dem das Kind frei entscheiden kann, welchen Themen es sich wann und wie zuwenden möchte. Ebenso wird bei vielen Kindermuseen darauf geachtet, dass die Mitarbeiter, die teilweise auch Scouts genannt werden, nur Anregungen und Hilfestellungen geben, wenn die Kinder es möchten, also eher eine begleitende Funktion einnehmen.

Jean Piaget

Abbildung 8[7]

Da es eine Prämisse der Kinder- und Jugendmuseen ist, sich nach den Bedürfnissen und dem Entwicklungsstand der Kinder zu richten, ist es wichtig auch die Erkenntnisse des Psychologen Jean Piaget (1896-1980) zu betrachten. Piaget hat verschiedene Entwicklungsstadien herausgearbeitet, die jedes Kind, egal welcher Kultur und welcher geistigen Verfassung, nacheinander durchläuft:

1. **Sensumotorisches Stadium** (von der Geburt bis zum Alter von zwei Jahren)
   In diesem Stadium begreifen Kinder die Welt über ihre Wahrnehmung und ihre Körperbewegungen. Sie bauen sich ein Weltbild auf. Ihr Verhalten entwickelt sich von Reflexen hin zu strukturierten Verhaltensformen.

---

[7] Quelle: http://www.stangl-taller.at/ARBEITSBLAETTER/KOGNITIVEENTWICKLUNG/default.shtml

2. **Präoperatives Stadium** (etwa von zwei bis sieben Jahren)

   Die Kinder lernen sich nicht mehr nur anhand ihrer Wahrnehmung und Motorik an Objekte und Phänomene anzupassen, sondern sie drücken sich auch durch Symbole (wie z.b. mentale Repräsentationen, Worte, Gesten) aus, die sie zunehmend strukturiert und logisch einsetzen.

3. **Konkret-operatives Stadium** (etwa von sieben bis elf Jahren)

   In diesem Stadium können die Kinder geistige Operationen ausführen. Sie können also gedanklich Handlungen nachvollziehen.

4. **Formal-operatives Stadium** (etwa von elf bis 15 Jahren)

   Die geistigen Operationen der Kinder sind nicht mehr auf konkrete Objekte beschränkt, sondern finden sich nun auch in verbalen und logischen Aussagen und im Hypothetischen.

(vgl. Miller 1993, S. 56f)

Im Aufbau ihrer Ausstellungen und der Entwicklung von Workshops gehen die Kinder- und Jugendmuseen gerade auf diese Stadien ein, d.h. sie legen die Workshops für einzelne Zielgruppen so an, dass sie dem Entwicklungsstand der Kinder in diesem Alter entsprechen.

3.2. Vorstellung und Entwicklung der ersten Kindermuseen

Ursprungsland der Kindermuseen sind die USA. Die ersten vier Kindermuseen in den USA wurden schon zwischen 1899 und 1925 gegründet. Während diese Museen und auch die folgenden bis in die 50er Jahre hinein auf die Theorien von Dewey und Montessori zurückgriffen, setzte der Entwicklungspsychologe Howard Gardner in den 80er Jahren einen neuen Schwerpunkt der Förderung der Kreativität der Kinder (vgl. König 2002, S. 55/64). Da ich diese Theoretiker im vorherigen Kapitel vorgestellt habe, werde ich an dieser Stelle nicht näher auf die einzelnen Theorien eingehen, sondern lediglich die Entwicklung der ersten Kindermuseen in den USA beschreiben.

Brooklyn Children's Museum:

Der Gründung des ersten und ältesten Kindermuseums im Dezember 1899, des heutigen Brooklyn Children's Museum, in New York ging die Eröffnung einer Jugendbibliothek voraus. Kinder und Jugendliche konnten dort kostenlos Bücher ausleihen und an Malkursen und Lesungen teilnehmen. Aus dieser Zeit stammt auch die Idee Kindern einen Platz zu geben, an dem sie ihren Interessen und Bedürfnissen gemäß gefördert werden. Aus der Jugendbibliothek entwickelte sich das Brooklyn Central Museum, dem als Zweigstelle das Kindermuseum angehört. Von der Didaktik her gab es große Unterschiede zum traditionellen Museum: Die Texttafeln wurden auf Sichthöhe der Kinder angebracht und in einer Kindern verständlichen Sprache geschrieben. Des Weiteren wurde das Vermitteln viel stärker gewichtet als die anderen traditionellen Aufgaben des Museums. Neu an diesem Konzept waren nicht die Sammlungen, sondern die Zielgruppe der Kinder und Jugendlichen. Auch heute gibt es das Brooklyn Children's Museum noch, allerdings hat es sich stark verändert und den Bedürfnissen des Stadtteils angepasst (vgl. König 2002 S. 55ff).

Boston Children's Museum:

Dieses Museum wurde im August 1913 in Boston, Massachusetts aufgrund einer Initiative des „Science Teacher's Bureau" und der „Woman Association" gegründet und war von Beginn an auf Dienstleistungen für Schulen ausgerichtet. Auch heute noch ist die Zusammenarbeit mit Schulen ein Schwerpunkt der Arbeit des Museums. Die Idee, die hinter diesem Museum steht, ist die Schaffung eines Bildungszentrums und Forums für Schuldirektoren, Lehrer und Schüler.

Das Boston Children's Museum hatte den Vorteil auf die Erfahrungen des Brooklyn Children's Museums schauen und es sich zum Vorbild nehmen zu können (vgl. König 2002, S. 59).

Das heutige Ziel des Museums ist es, Kinder dabei zu unterstützen ihre Welt zu verstehen. Michael Spock, der damalige Direktor des Bostoner Kindermuseums, war es, der dem Kindermuseum eine größere Bedeutung einbrachte, indem er handlungsorientierte Ausstellungen entwickelte und den Begriff „Hands on!" prägte. Dabei achtete er vor allem darauf, wie der Besucher mit den Objekten in Interaktion trat (vgl. Schreiber 1998, S.29).

Detroit Children's Museum:

Das Detroit Children's Museum in Michigan wurde 1917 als Zweigstelle eines traditionellen Museums gegründet. Eine Besonderheit dieses Museums ist es, dass es sich 1925 vom Trägermuseum, Museum of Art, löste und in die Trägerschaft des „Board of Education" überging. Auch das drittälteste Kindermuseum legte großen Wert auf eine Zusammenarbeit und Kooperation mit Schulen (vgl. König 2002, S. 62).

Children's Museum of Indianapolis:

Das weltweit größte Kindermuseum wurde 1925 in Indianapolis, Indiana gegründet. Seinen Schwerpunkt setzte es, anders als die weiteren Kindermuseen, auf das Soziale und die Kultur.

Ab 1930 entwickelt das Museum Ausstellungen, die ausleihbar und leicht zu transportieren sind, um auch denjenigen Schulen etwas zu bieten, die das Museum nicht besuchen können (vgl. König 2002, S. 63).

Nach verschiedenen Umzügen hat das Kindermuseum heute in einem Neubau seinen Platz gefunden und hat im Jahre 2004 den Anbau für die neue Ausstellung „Dinosphere" fertiggestellt. Eine Besonderheit ist die weltweit größte eigene Sammlung, die für Kinder- und Jugendmuseen eher untypisch ist (vgl. http://www.childrensmuseum.org).

Seither sind zahlreiche weitere Kindermuseen dieser Art in den USA entstanden und die „Aktualität und Attraktivität von Kinder- und Jugendmuseen nimmt beständig zu" (König 2002, S. 64).

3.3. Entwicklung und Situation der Kinder- und Jugendmuseen in Deutschland

In Deutschland kann man, anders als in den USA, keineswegs auf eine 100jährige Tradition der Kinder- und Jugendmuseen zurückblicken. Die ersten Museen dieser Art entstanden hier erst in den 70er Jahren und orientierten sich an dem amerikanischen Vorbild der oben beschriebenen Kindermuseen (vgl. König 2002, S. 71). Durch die im Laufe der Zeit gemachten praktischen Erfahrungen und unter Berücksichtigung der entwicklungspsychologischen Erkenntnisse nach Jean Piaget, wurden die Aufgaben und Ziele der Kinder- und Jugendmuseen immer weiter verfeinert, erneuert und angepasst. Die Kinder- und Jugendmuseen und Initiativen, die Ende der 80er und Anfang der 90er Jahre gegründet wurden, nutzten sowohl die Erfahrungen der ersten Generation der Kinder- und Jugendmuseen in Deutschland als auch die der Kindermuseen in den USA, obwohl sich die deutschen Initiativen auch bewusst von diesem teilweise stark kritisierten, amerikanischen Vorbild abgrenzten (vgl. Schreiber 1998, S. 62).

Viele traditionelle Museen versuchen heutzutage die Ausstellungsstücke, welche hauptsächlich an die Zielgruppe der Erwachsenen gerichtet sind, im Nachhinein auch Kindern und Jugendlichen pädagogisch zu erschließen. Die ersten drei deutschen Kindermuseen in Berlin, Frankfurt und Karlsruhe haben sich jedoch von Anfang an, ähnlich wie in den USA, auf die Zielgruppe der Kinder und Jugendlichen spezialisiert.

Sie entstanden in der Aufbruchsstimmung der „Neuen Kulturpolitik". Teil dieser Programmatik war es, möglichst vielen Menschen den Zugang zur Kultur zu ermöglichen. Daraus lässt sich folgern, dass die verschiedenen gesellschaftsspezifischen Gruppen ihre ganz eigenen „Zugangsbedingungen zu, Interesse an und Ausprägung von Kultur haben" (Popp 2004, S. 68). Die Entwicklung spezieller Kulturorte wie der Kinder- und Jugendmuseen ist eine konsequente Folge dieser Erkenntnis, da sie sich an einer bestimmten Zielgruppe ausrichten (vgl. Popp 2004, S. 68).

Inhaltlich wurden durch die Kinder- und Jugendmuseumsaktivitäten gesonderte Räumlichkeiten, zur Erprobung neuer Präsentations- und Ausstellungsformen für Kinder, erschlossen und die Objekte nach dem Erkenntnisstand und den Aneignungsmöglichkeiten der Zielgruppe ausgewählt (vgl. Schreiber 1998, S. 59).

Ein großes Problem der Kinder- und Jugendmuseen ist es, dass ihre Entstehungszeit in eine Zeit fällt, in der die finanzielle Lage sehr knapp ist. Die Kinder- und Jugendmuseen sind also gezwungen ein gutes Marketing zu entwickeln, um eine möglichst hohe Kostendeckung zu erzielen. Wichtig sind daher auch eine gut funktionierende Netzwerkarbeit und die Erschließung von Stiftungen und Sponsorengeldern (vgl. Popp 2004, S. 69).

Junior Museum Berlin

Als erstes Kindermuseum der Bundesrepublik Deutschland eröffnete 1970 das Völkerkundemuseum in Berlin-Dahlem das „Junior Museum". Ziel des Museums war es, den Kindern und Jugendlichen durch Wechselausstellungen und Werkkurse völkerkundliche Fragen näher zu bringen (vgl. Kolb 1983, S. 290). Die Wechselausstellungen beruhten vor allem auf einem zweistündigem Unterrichtsgespräch mit einem praktischen Teil und sprachen demnach eher Schulklassen an, während sich die Werkkurse an Einzelbesucher richteten (vgl. König 2002, S. 73).

Gegründet wurde diese Abteilung auf Initiative von Frau Menzel, die auf einer Studienreise durch die USA die Kindermuseen dort kennen gelernt hatte und anregte auch im Völkerkundemuseum eine Kinderabteilung zu schaffen (vgl. Kolb 1983, S. 290).

Das Kindermuseum im Historischen Museum Frankfurt

Die Idee ein Kindermuseum im Museum zu gründen entstand 1971 im Zuge der Neukonzeption des Historischen Museums, die zum Ziel hatte auch die Museumsbesucher „von Morgen" altersgerecht an das Museum heranzuführen (vgl. http://kindermuseum.frank furt.de/index.htm). Diese konnten schon bei der Planung und Gestaltung der ersten Ausstellung „Struwwelpeter garstig – macht die Kinder artig?" mitwirken und ihre Interessen und Vorstellungen einbringen. Des Weiteren „gestalteten sie die Begleithefte, Plakate für die Ausstellung und die Beschriftung der Objekte" (Schreiber 1998, S. 65).

Das Kindermuseum versucht heute in wechselnden Ausstellungen verschiedene Zielgruppen zu erreichen. Die zur Zeit aktuelle Ausstellung „Herzknistern – (D)eine Reise durch Liebe, Freundschaft, Liebeskummer" ist z.B. eher für Kinder und Jugendliche ab zwölf Jahren konzipiert worden, während die letzte Ausstellung „Großstadtpflanzen" eher auf Kinder bis zwölf Jahren ausgerichtet war.

Die beiden hier vorgestellten Kindermuseen hatten im Laufe der Zeit immer neue Hürden zu überwinden: Zum einen die räumliche und finanzielle Lage der jeweiligen Kindermuseen und zum anderen die Akzeptanz und Förderung durch das Mutter-Museum. Während das Kindermuseum in Frankfurt trotz einer vorübergehenden Schließung von 1981 bis 1986 (vgl. König 2002, S. 77) seinen Betrieb bis heute fortführt, hat das Junior Museum in Berlin einen Grundstein für die vielen in Berlin existierenden Kindermuseen gelegt, ist jedoch selbst, nach meiner Information, nicht mehr aktiv.

Kindermuseum Karlsruhe

Das Karlsruher Kindermuseum wurde 1975 als Bestandteil einer Gemäldegalerie gegründet. Die erste Kunstausstellung „Museum macht Spaß – große Kunst für kleine Leute" fand noch im selben Jahr statt. Man hat in dieser Ausstellung Bilder zusammengestellt, die für Kinder von Interesse waren und diese auf eine für Kinder angemessene Höhe gehängt. Zusätzlich wurde der Inhalt durch kurze, für Kinder verständliche Texte erläutert (vgl. König 2002, S. 78). Zielgruppe sind heute Kinder bis zu 14 Jahren. Im Gegensatz zu vielen anderen Kindermuseen sind die Ausstellungen im Kindermuseum in Karlsruhe keineswegs als Ergänzung zum Schulunterricht gedacht und werden deshalb nicht aus den Unterrichtsplänen der Schulen abgeleitet, sondern in Zusammenarbeit mit den Kindern entwickelt (vgl. Reuter-Rautenberg 1987, S. 66f).

Während in den 70er Jahren die Kinder- und Jugendmuseen in Deutschland fast aus-schließlich an ein Trägermuseum angegliedert waren, finden sich nach König (2002, S. 81) in den 80er Jahren verstärkt mobile Einrichtungen, die mit dem Ziel arbeiteten alle Gesell-schaftsschichten an der kulturellen Praxis teilhaben zu lassen, was sich vor allem darin zeigt, dass sie auf diesem Weg Kinder und Jugendliche erreichten, die sonst selten bzw. gar keine Möglichkeiten hatten ins Museum zu gehen. In den 90er Jahren dagegen gab es den Trend eigenständige, von anderen Museen unabhängige Kinder- und Jugendmuseen zu gründen. Vielfach sind nun Privatpersonen die Initiatoren, deren Engagement aufgrund eigener, individueller Motivation, meist jedoch auch durch den Besuch amerikanischer Einrichtungen, geprägt ist (vgl. König 2002, S. 84).

3.4. Legitimation von Kinder- und Jugendmuseen

Eine Frage, die immer wieder gestellt wird, ist, ob und warum wir Kinder- und Jugendmu-seen überhaupt brauchen, ob die Betitelung als Museum gerechtfertigt ist und ob die tradi-tionellen Museen für Kinder und Jugendliche nicht ausreichen. Diese Fragen sollen hier diskutiert werden.

Die Notwendigkeit von Kinder- und Jugendmuseen kann man zunächst mit den Defiziten der traditionellen Museen begründen.

Traditionelle Museen legen viel Wert auf die Aufgaben des Sammelns und Bewahrens, während die für die Kinder und Jugendlichen wichtigen Interessen des Berührens, Gebrau-chens und Erprobens ein Problem in diesen Museen darstellen, da die originalen Objekte nicht berührt werden dürfen. Viele Kinder und Jugendliche finden Museen langweilig und ein Besuch ist sehr mühsam für sie, da es viele Verbote gibt, die Kinder und Jugendliche daran hindern zu erkunden, verändern, entdecken und selbst tätig zu werden.

Kinder und Jugendliche teilen auch die Aufgabe des Sammelns mit den Museen, denn sie sind häufig wahre Schätzesammler. In Schuhkartons, Regalen und auch Hosentaschen fin-det sich allerlei „Krims-Krams", der für die Kinder von großem Interesse und Faszination ist und ihre Phantasie anregt. Die Sammelleidenschaft ist ein Beispiel, welches auf eine aktive Aneignung von Wissen schließen lässt. Kinder und Jugendliche versuchen, die für sie komplexe und undurchschaubare Welt zu durchschauen und einen Zugang zu ihr zu finden.

Es gibt aber auch mehrere Ebenen von Lernvorgängen, die das Sammeln mit sich bringen kann:

1. Durch das Sammeln kann das Kind neue Bezüge zwischen sich, den Dingen und bestimmten Situationen herstellen. Ein Bauklotz ist z.b. nicht nur ein Bauklotz, denn er kann auch ein Auto oder eine Puppe sein, je nachdem in welcher Situation er benötigt wird.

2. Da Kinder ihre Sammlungen ständig erweitern, werden auch die organisatorischen und sozialen Aufgaben größer. Zurzeit ist das Sammeln von Diddl-Briefpapier[8] von großem Interesse, hauptsächlich bei Mädchen im Grundschulalter. Sie sammeln die Briefbögen nicht nur, sondern tauschen auch untereinander, wobei sie ihre ganz eigenen Bewertungssysteme über den Wert eines Briefbogens gegenüber dem anderen entwickelt haben. So erlernen sie fast schon nebenbei soziale, organisatorische und kommunikative Fähigkeiten.

3. Diese Objekte sind zunächst einmal entfunktionalisiert und in ihrer Bedeutung aus dem alltäglichen Gebrauchzusammenhang herausgenommen, so wird z.b. das Diddl-Briefpapier nicht mehr als solches verwendet. Diese Entfunktionalisierung bietet Raum für Phantasie und der Erfindung alternativer Verwendungen. Den Objekten kann so ein neuer Bedeutungszusammenhang, Sinn oder eine neue Identität gegeben werden.

(vgl. Meyer-Barner 1995, S.34f)

Beim Sammeln und Verwenden in einem neuen Kontext handelt das Kind nach seinen eigenen Wunsch- bzw. Phantasievorstellungen. Allerdings übernimmt es dabei häufig Handlungen aus Alltagserfahrungen, wie z.B. beim Mutter-Vater-Kind spielen oder beim Autofahren in einer Pappkiste.

Durch diese Leidenschaft des Sammelns erfüllen die Kinder und Jugendlichen gleichzeitig auch die Funktion des Bewahrens und Ausstellens im weitesten Sinne, da sie das Diddl-Briefpapier in Mappen und Folien verwahren und möglichen Tauschpartnern vorführen.

---

[8] Diddl ist eine Comicmaus, die bei Kindern sehr beliebt ist. Es gibt von Diddl verschiedenste Produkte wie z.B. Briefpapier, Bleistifte, Ordner, Taschen etc.

Ein weiteres Defizit der traditionellen Museen ist die im Allgemeinen nur unzureichende Beachtung der Randgruppe der Kinder und Jugendlichen, obwohl hier schon ein Wandel stattfindet und verstärkt spezielle Führungen für Kinder und Jugendliche durchgeführt werden. Daher müssen spezielle Kinder- und Jugendmuseen eingerichtet werden, die gezielte pädagogische Maßnahmen entwickeln und durchführen, um der Art, wie Kinder sich ihre Umwelt erschließen, gerecht zu werden. Kinder und Jugendliche lernen am besten, wenn dies freiwillig und mit viel Spaß passiert und sie eigene Erfahrungen durch ihr Tun machen können (vgl. Kolb 1983, S. 327f).

In den folgenden Unterkapiteln werden die einzelnen Legitimationsaspekte näher beleuchtet.

3.4.1. Kinder- und Jugendmuseen als alternative Bildungsstätte?

Vielfach wird als Ziel der Kinder- und Jugendmuseen genannt, auch Bildungs- und Freizeitstätte sein zu wollen. Wie jedoch wird dieses Ziel bzw. dieser Anspruch eingelöst?

Zunächst einmal ist zu fragen, ob nicht andere, schon bestehende Einrichtungen, die Arbeit der Kinder- und Jugendmuseen abdecken bzw. durch entsprechende Veränderungen leisten könnten. Dem setzt Schreiber (1998, S. 129) die Komplexität und Offenheit der Kinder- und Jugendmuseen entgegen, „die damit tatsächlich im Überschneidungsbereich von Museum, Schule, Sozial- und Kulturpädagogik stehen". Diese Interdisziplinarität macht das Kinder- und Jugendmuseum zu „einer Art Knotenpunkt im kommunalen Netzwerk" (ebd.) und ergänzt somit die einzelnen Einrichtungen. Ihre Qualität zeichnet sich besonders durch eine fächerübergreifende, multiperspektivische, handelnde und spielerische, selbstbestimmte Arbeitsweise und die Ausrichtung an den soziokulturellen Hintergründen ihrer Zielgruppe aus (vgl. Schreiber 1998, S. 25).

Vor allem Schulen können von der Handlungsorientierung der Kinder- und Jugendmuseen profitieren, die andere Möglichkeiten des Lernens bietet. Durch ihr reichhaltiges Anschauungspotential, ihre Flexibilität sich auf schnell wandelnde Bedürfnisse und Interessen der Kinder und Jugendlichen einzurichten und das Angebot von Hilfestellungen und Hilfsmitteln zur Aneignung neuen Wissens (vgl. Kolb 1983, S.71) werden die Kinder- und Jugendmuseen zu einem Lernort, welcher ein Lernmodell anbietet, das sich die PISA-Studie[9] für das deutsche Schulwesen wünscht (vgl. Popp 2004, S. 68).

Doch zunächst zu der Frage, warum das Museum als Lernort angesehen werden kann: Der Begriff Lernort umfasst verschiedene Situationen in denen gelernt wird. Daher kann man sich die Gesellschaft wie eine Landkarte vorstellen, die verschiedene Orte des Lernens und die Verbindungen zwischen ihnen darstellt (vgl. Hense 1990, S. 14).

Die Schule ist ein Lernort, welcher das Ziel verfolgt, Allgemeinbildung zu vermitteln und die Schüler und Schülerinnen für den Beruf zu qualifizieren. Um dieses Ziel zu erreichen ist für das schulische Lernen „die Operationalisierbarkeit eines Lernzielkatalogs sowie die Überprüfbarkeit von Lernerfolgen ein entscheidendes Moment" (Hense 1990, S.15).

Aus der Tendenz zum lebenslangen Lernen haben sich aber noch weitere Lernorte herausgebildet. Zu diesen neuen Lernorten gehört z.b. auch das Museum, wenn bestimmte Kriterien erfüllt werden. Hense (1990, S. 70) beschreibt die folgenden drei Kriterien:

a) Es müssen Bezüge zu den aktuellen Lebenszusammenhängen der Besucher hergestellt werden.

b) Es müssen Verarbeitungsmöglichkeiten des Gesehenen, Gehörten und Gelernten angeboten werden.

c) Das Museum muss an den Erfahrungen und Interessen der Besuchergruppen anknüpfen.

Diese drei Kriterien werden von den Kinder- und Jugendmuseen erfüllt, da sie diese auch als ihre Aufgaben ansehen. Das Kinder- und Jugendmuseum kann als ein Lernort und somit auch als eine Bildungsstätte aufgefasst werden.

Doch nicht nur die Aufgaben und Ziele der Kinder- und Jugendmuseen lassen die Sicht als alternative Bildungsstätte zu, auch das Lernmodell, welches eine wichtige Ergänzung zum Lernort Schule darstellt, entspricht den Vorstellungen einer Bildungsstätte.

---

[9] Die Abkürzung PISA steht für Programme for International Student Assessment. PISA ist eine international standardisierte Leistungsmessung, die mit 15-jährigen Schülerinnen und Schülern in ihren Schulen durchgeführt wird. Getestet werden die Lesekompetenz, die mathematische Grundbildung und die naturwissenschaftliche Grundbildung. Bisher wurden die ersten beiden Bereiche (2000, 2003) getestet. Die Leistungsmessung des letzten Bereiches soll 2006 durchgeführt werden. Weitere Informationen zur PISA-Studie finden sich auf der Webseite http://www.mpib-berlin.mpg.de/pisa.

In einer Stellungnahme des „Bundesverbandes der deutschen Kinder- und Jugendmuseen" zur PISA-Studie werden die folgenden sieben Kriterien genannt (Popp 2002):

- „die Themeneinheiten werden mit wissenschaftlicher Fundierung, mit Liebe und Sorgfalt ausgearbeitet,
- es werden Lernmodelle praktiziert, die auf Neugier und entdeckendem Lernen basieren,
- die Kinder werden durch ein Lernen mit allen Sinnen stimuliert und zum eigenständigen Fragen angeregt,
- weil Kindermuseen durch Gegenstände definiert sind und Anfassen nicht nur erlaubt, sondern erwünscht ist, geschieht das „Begreifen" – und das ist die Ausbildung von Denkstrukturen – in einem unmittelbaren Sinn.
- Kindermuseen zielen auf die Vermittlung von Zusammenhängen: sie wollen helfen, die komplizierte Welt zu verstehen.
- dem Bewegungsdrang und den haptischen Bedürfnissen der Kinder wird Raum gegeben,
- weil Frontalunterricht und Lehrerzentrierung im Kindermuseum kaum Platz haben, entsteht auch eine effektive Form des sozialen Lernens."

Man kann also sagen, dass im Kinder- und Jugendmuseum eine Ausbildung wichtiger Fähigkeiten stattfindet, welche laut PISA-Studie in der Schule bisher zu kurz kommt.

Eine Schwachstelle ist natürlich die Vermittlung der Lese- und Schreibfähigkeiten, die Kinder- und Jugendmuseen nur in einem begrenzten Maß ausgleichen können. Allerdings stehen dafür die „Persönlichkeitsbildung und das Training von Schlüsselqualifikationen im Vordergrund" (Popp 2002), wie z.B. „das Vergleichen und Schlüsse ziehen, die Fähigkeit Fragen zu stellen, die Orientierung in einer Fülle unterschiedlicher Informationen, das Kombinieren, das Organisieren einer Problemlösung u.s.w." (ebd.). Kinder- und Jugendmuseen unterstützen auch den sozialen Ausgleich, so sind z.B. Menschen mit Behinderungen immer willkommen, häufig gibt es sogar spezielle Führungs- und Betreuungsangebote für sie.

Aus der Erkenntnis, dass die Schule als alleiniger Lernort an Bedeutung verloren hat, ergeben sich drei Forderungen des Bundesverbandes der deutschen Kinder- und Jugendmuseen e.V.:

- Der Lernort Schule selbst muss sich verändern und neben anderen Reformmaßnahmen auch auf die Methoden der Kinder- und Jugendmuseen zurückgreifen.
- Die moderne Bildungslandschaft soll als eine Vielfalt verschiedenster Lernorte verstanden werden, bei der die Schule als größter Lernort zwar erhalten bleibt, aber die Stärken der anderen Lernorte vermehrt wahrnehmen und nutzen sollte.
- Die Kulturverwaltungen der Städte und die Kulturminister der Länder sollten die Kinder- und Jugendmuseen als eigenständige Lernorte anerkennen und diese entsprechend fördern.

(vgl. Popp 2002)

3.4.2.   Der umstrittene Museumsbegriff

Wie schon erwähnt ist die Betitelung der Kinder- und Jugendmuseen als Museen sehr umstritten. In diesem Kapitel wird daher herausgestellt, was das Museale an Kinder- und Jugendmuseen ausmacht.

In einer Tabelle möchte ich zunächst die Unterschiede zwischen den traditionellen Museen und den Kinder- und Jugendmuseen nach Kolb (1983, S. 27ff) zusammenfassen:

Traditionelle Museen	Kinder- und Jugendmuseen
• wurden erst nach dem Vorhandensein einer Sammlung gegründet	• werden mit der pädagogischen Absicht gegründet den Kindern bei der Erschlie-ßung der Welt zu helfen
• bemühen sich um die Darstellung und Vermittlung der Vergangenheit	• gehen von der Gegenwart als vertraute Basis aus und führen von dort an die Vergangenheit und die Zukunft heran
• werden als Musentempel und Orte der Beschaulichkeit und Einkehr gesehen	• werden als offene Spiel- und Lernland-schaften, als Bildungs- und Freizeitstät-ten gesehen
• haben als Hauptaufgabe das Sammeln und Bewahren	• sehen als Hauptaufgabe das Vermitteln und Bilden

Abbildung 9

Dennoch sprechen viele Gründe für die Klassifizierung der Kinder- und Jugendmuseen als Museen:

Die Kinder- und Jugendmuseen sind keine Museumsgattung, die aus der europäischen Museumskultur hervorgegangen ist. Vielmehr entstammen sie aus der amerikanischen Museumskultur, in welcher der Aspekt der Vermittlung und der Besucherorientierung stärker gewichtet wird (vgl. König 2002, S. 94). Im Zuge der verstärkten Öffnung europäischer und somit auch deutscher Museen für alle Besucher entsprechen somit auch die Kinder- und Jugendmuseen diesem Aspekt und können als Museum betitelt werden.

Die Definition der Kinder- und Jugendmuseen entspricht zumindest in Teilen derjenigen von traditionellen Museen, nämlich als eine nicht-gewinnorientierte, der Öffentlichkeit zugänglichen Einrichtung mit Bildungsauftrag (vgl. König 2002, S. 95). Diese Überein-stimmung macht deutlich, dass sich traditionelle Museen und Kinder- und Jugendmuseen in ihrer Zielsetzung sehr ähnlich sind, wenngleich die Schwerpunkte anders verteilt sind, wie der obigen Tabelle entnommen werden kann.

Museal an Kinder- und Jugendmuseen ist des Weiteren die Präsentation und Interpretation von Objekten und ihren Bedeutungen als authentische Zeugen vergangener und aktueller Wirklichkeiten (vgl. Popp 1993, S. 57f) und eigener und fremder Kulturen. Diese Objektbezogenheit unterscheidet das Kinder- und Jugendmuseum von anderen kulturellen Einrichtungen und zeigt eine Nähe zu traditionellen Museen.

Kinder- und Jugendmuseen füllen eine Lücke in der Museumskultur. Sie gehen primär auf die Zielgruppe der Kinder- und Jugendlichen ein und damit auf die Museumsbesucher von Morgen. Diese zukünftigen Museumsbesucher werden von traditionellen Museen kaum angesprochen. Im Gegensatz zu den Führungen in traditionellen Museen bieten die Kinder- und Jugendmuseen andere, personal vermittelte Angebote, wie z.b. Workshops (vgl. Deffke 1997, S. 382).

Zum Abschluss möchte ich noch den meist zitierten Grund, warum Kinder- und Jugendmuseen keine Museen sind, beleuchten: Die Sammlung.

Traditionelle Museen entstehen aufgrund einer Sammlung und ihr wichtigstes Ziel ist diese zu erweitern, zu vervollständigen und zu bewahren. Kinder- und Jugendmuseen haben kein spezielles Sammlungsthema wie die traditionellen Museen, vielmehr ist die Sammlung und die Aktualisierung dieser als permanentes Ziel der Kinder- und Jugendmuseen zu sehen (vgl. König 2002, S. 157). Kriterium für die Sammlung ist daher die Frage, welche Objekte benötigt werden, um einen komplexen Sachverhalt zu erschließen. Es geht also eher um exemplarisches Sammeln und nicht um Vollständigkeit, da die Objekte das Interesse wecken und die Aufmerksamkeit fördern sollen. Objekte brauchen eine besondere Inszenierung und didaktische Hilfen, um vorstellbare Zusammenhänge und Handlungsabläufe entstehen zu lassen (ebd.).

Erkennt man das Sammeln der Kinder- und Jugendmuseen im Kontext ihrer Hauptaufgabe des Vermittelns und Bildens an, ist auch das Fehlen einer Sammlung kein Grund mehr, die Zugehörigkeit der Kinder- und Jugendmuseen zur Museumsgattung zu bestreiten.

3.4.3.   Der Wandel der Kindheit

Der Kinderalltag heute, im Gegensatz zu dem Kinderalltag älterer Generationen, ist als ein Legitimationsgrund der Kinder- und Jugendmuseen anzusehen. Sie ermöglichen den Kindern und Jugendlichen Erfahrungen, welche sie in ihrer natürlichen und sozialen Umwelt so nicht mehr machen können.

Kindheit früher spielte sich häufig auf den Straßen und Wiesen ab und das gemeinsame Spielen mit den Nachbarkindern stand im Vordergrund. Formale Organisationen waren nicht notwenig. Die Kinder mussten sich in eine Gruppe einpassen, deren Zusammensetzung häufig wechselte und sie konnten Konflikten nicht ausweichen, sondern mussten sich ihnen stellen, wenn sie nicht ausgegrenzt werden wollten. Die Gruppen selbst waren meist sehr heterogen und die besonderen Verhaltensformen, Spielgewohnheiten und das Wissen wurden von den älteren Kindern an die Jüngeren weiter gegeben.

Dagegen sind heute spezielle Orte für Kinder mit professionellen Erziehern zu finden, die eine eigene Kinderwelt darstellen. Kinder müssen häufig Verabredungen und Termine absprechen, wenn sie miteinander spielen möchten. Des Weiteren muss die Zahl der Nachmittagsveranstaltungen mit denen der anderen Kinder abgeglichen werden. Freies Spiel, zu dem sich die Kinder aus der Nachbarschaft zusammenschließen, gibt es kaum noch. Vielmehr wird den Kindern heute ein stark vorstrukturierter Tagesablauf vorgesetzt, der ihnen ein hohes Organisationstalent abverlangt. Durch die ständig notwendigen Terminabsprachen spielen Kinder heute viel seltener in Großgruppen, sondern treffen sich meistens paarweise und im Gegensatz zu früher in ihren Kinderzimmern und nicht mehr draußen. Mit anderen Kindern zu spielen ist für die Kinder heute nicht mehr so selbstverständlich und führt zu einer Kollektivierung durch die verschiedenen Aktivitäten. Die Gefahr einer Unverbindlichkeit entsteht, da die Kinder Konflikten aus dem Weg gehen können, indem sie die Aktivität einfach nicht mehr in Anspruch nehmen und so auch der Gruppe und den Konflikten entgehen (vgl. Zeiher 1991, S. 9ff).

Diese kurze Beschreibung zeigt den Wandel des Alltags und des Spielens für Kinder heute im Gegensatz zu den Kindern früher. Gründe für diesen Wandel der Kindheit setzten schon Anfang des 20 Jahrhunderts an, als eine spezifische Kinderkultur entstand.

Kindheit wurde zu einem eigenständigen Lebensabschnitt. Seine Bedeutung hängt stark von dem jeweiligen Bild der Erwachsenen, ihren Vorstellungen von Erziehung und der Stellung und Funktion von Kindern in der Gesellschaft ab (vgl. König 2002, S. 29). Je mehr Kindheit zu einem eigenständigen Lebensabschnitt wurde, umso mehr wurde die Welt der Kinder von derjenigen der Erwachsenen getrennt. Kindern werden bestimmte Informationen vorenthalten, um sie vor möglichen Gefahren zu schützen. Durch die Trennung der Arbeits- und Wohnstätten wird dieses Phänomen noch verstärkt und führt auch zu einer Verlagerung der Erziehung nach außen, da Eltern verpflichtet sind, ihren Kindern durch Erziehung und Bildung bestmögliche Startchancen für ihre Selbstverwirklichung und ihren sozialen Aufstieg zu eröffnen.

Kindheit ist also immer mehr geprägt durch eine Spezialisierung sozialer Räume. Schulen, Kindergärten und Einrichtungen, in denen Freizeitaktivitäten stattfinden, werden zu Inseln, die für das Kind alleine nicht mehr erreichbar sind und deren Vernetzung einer erhöhten Planung und Organisation bedarf.

Viele Lebenserfahrungen können des Weiteren nicht mehr aus eigener Hand gemacht werden, sondern werden durch die Massenmedien vermittelt. „Die Umwelt der Kinder wird aufgrund fortschreitender Technisierung, Automatisierung und Digitalisierung immer abstrakter und verschließt sich dadurch zunehmend dem unmittelbaren Mittun und Verstehen" (König 2002, S. 37). Die Eigentätigkeit und die unmittelbare Erfahrung, die König (ebd.) als die zwei Grundelemente des kindlichen Lernprozesses bezeichnet, gehen verloren.

Kinder heute haben durch das Fernsehen schon fast alles gesehen. Was ihnen fehlt sind der handelnde Umgang mit den Dingen und der Austausch über die Erfahrungen mit anderen. Auf der einen Seite entsteht durch die Massenmedien eine Reizüberflutung, auf der anderen aber auch eine Erfahrungsarmut (vgl. Staudte 1987, S. 32). Durch die zunehmende Medialisierung unserer Gesellschaft wird die Trennung zwischen der Erwachsenenwelt und der Welt der Kinder wieder aufgehoben. „Es besteht die Gefahr, daß die vielen optischen und akustischen Sinnesreize [...] nicht mit einer erfahrungsbezogenen Verarbeitung der Kinder Schritt halten können" (Schreiber 1998, S. 54). Wieder ergibt sich das Bild einer einseitigen, reizintensiven und einer, an körperlichen Erfahrungen verarmten, Lebenswelt.

Ein Kinder- und Jugendmuseum kann nun ein Ort sein, der die Inseln der Kinder- und Jugendlichen miteinander vernetzt und diese ergänzt. An diesen Orten werden Erfahrungen über die Sinne vermitteln, wenn z.b. durch eigenes Tun nachvollzogen werden kann, wie schwer es die Menschen früher hatten, wenn sie z.B. Wäsche waschen wollten (vgl. Staudte 1987, S. 33).

Kinder- und Jugendmuseen werden zu Erfahrungs- und Spielräumen, an denen Kinder zusammen kommen und soziales Verhalten und Kommunikation erlernen und einüben können, da diese Möglichkeit im Umfeld der Kinder nicht mehr natürlich gegeben ist.

3.4.4. Das Spiel der Kinder

Ein weiterer Grund, warum Kinder- und Jugendmuseen benötigt werden, schließt sich eng an den Wandel der Kindheit an. Dadurch, dass die Kinder weniger Möglichkeiten haben mit Nachbarkindern ohne zeitliche Absprachen draußen zu spielen und durch den verstärkten Medienkonsum, spielen Kinder allgemein weniger.

Doch gerade das Spiel ist für die Entwicklung der Kinder wichtig. Nach Steiner (http://www.people.freenet.de/afeb/Material4.html, S. 2) ist das Spiel für die Kinder dasselbe, wie die Arbeit für die Erwachsenen. Sie lernen so ihre Gefühle auszudrücken, üben die Sprache und verbessern ihre sozialen Kontakte.

Das Spiel hat drei Merkmale: Zum einen den Selbstzweck des Spiels: Dadurch, dass die Handlung um der Handlung willen geschieht und eine innere Motivation vorhanden ist, fühlt man sich optimal beansprucht und Konzentration erfolgt wie von selbst. Das zweite Merkmal ist der Wechsel des Realitätsbezugs, da das Kind im Spiel eine andere Realität konstruiert. In dieser Realität können Gegenstände, Personen und Handlungen etwas anderes bedeutet, dieses andere ist allerdings nicht willkürlich, sondern festgelegt von den spielenden Kindern. Das dritte Merkmal ist die Wiederholung und das Ritual, denn in allen Spielen zeigen sich Wiederholungen von Handlungen (vgl. Oerter/Montada 2002, S. 222).

Es gibt verschiedene Arten von Spiel: Zum einen gibt es das alleinige Spiel des Kindes im ersten und zweiten Lebensjahr mit Objekten, welches auch Sensumotorisches bzw. Funktionsspiel genannt wird. Das Kind erfreut sich an der Bewegung und wiederholt sie immer wieder. Zum anderen gibt es das Informationsspiel, welches einen hohen Explorierfaktor hat. Das Kind zerlegt Gegenstände und versucht herauszubekommen, was man mit den Gegenständen alles machen kann. Konstruktionsspiele sind realitätsorientiert und das Kind versucht einen Gegenstand aus verschiedenen anderen Gegenständen herzustellen. Das Symbolspiel bzw. „Als-ob"-Spiel ist die meist gefundene Spielform bei Kindern. Das Kind weist Gegenständen und Handlungen die Bedeutung zu, die seinen Wünschen entspricht. Auch soziale Spiele, wie z.B. Rollenspiele fallen in diese Kategorie.

Eine letzte Form des Spiels sind Regelspiele. Regelspiele sind fast immer Wettkampfspiele und Gesellschaftsspiele, da die Regeln hierbei klar festgelegt sind. Diese Spiele erfordern eine Kompetenz, die vorher erst erlernt werden muss (vgl. Oerter/Montade 2002, S. 223f).

Alle Spielarten haben jedoch Gemeinsamkeiten:

- Spielen macht Spaß und ist mit positiven Gefühlen assoziiert
- Gespielt wird ohne eine erforderliche externe Belohnung und nur für sich selbst
- Spiel ist spontan und freiwillig
- Es verlangt die aktive Beteiligung der Spieler
- Es ist eine Art Dinge auszuprobieren, da es sich abgrenzt von der Realität, dem Nicht-Spielen
- Viele Erzieher gehen davon aus, dass das Spiel sehr wichtig für das kindliche Lernen ist

(vgl. http://www.people.freenet.de/afeb/Material4.html, S. 2)

Das Spiel dient jedoch nicht nur dem Spaß und dem Selbstzweck, vielmehr ermöglicht es den Kindern:

- (Lern-) Erfahrungen zu machen, die ihnen bei der Entdeckung der Welt helfen
- Ideen, Konzepte und Fähigkeiten zu entwickeln und einzuüben
- Allein oder mit anderen zusammen zu spielen, aber auch in der Gemeinschaft die Möglichkeit zu haben sich alleine zu beschäftigen oder mit anderen zu kooperieren
- Ihre Gefühle auszudrücken und Risiken einzugehen, die sie im „richtigen" Leben nicht eingehen würden
- Ihrer Phantasie und Kreativität freien Lauf zu lassen
- Mit anderen zu kommunizieren, während Probleme untersucht und gelöst werden
- Ängste auszudrücken bzw. angstvolle Erfahrungen in einer sicheren, kontrollierbaren Situation erneut zu durchleben
- Die Entwicklung grob- und feinmotorischer Bewegungen durch das Krabbeln, Laufen, Greifen und die Hand-Augen-Koordination
- Ihre Sprachfähigkeiten zu entwickeln und zu erweitern
- Soziale Kompetenzen zu erlernen, wenn das Spiel abwechselndes Tun verlangt oder Spielregeln einzuhalten sind
- Vertrauen und das Gefühl etwas erreichen zu können und fähig zu sein entwickeln
- Ihr Wissen durch anregendes Spiel zu erweitern

(vgl. ebd.)

Das Spiel erlaubt den Kindern ein probeweises Handeln und eine versuchsweise Identifikation mit verschiedenen Rollen, durch welches sie an „Ich-Identität" gewinnen (vgl. Weschenfelder/Zacharias 1981, S.161).

Dieses Wissen machen sich die Kinder- und Jugendmuseen zu nutze und fördern das spielerische Lernen sowie handlungsorientierte Erfahrungen. Je nach Spiel verhalten sich Kinder anders. Manchmal spielen sie ausgelassen und wild, manchmal beschreiben sie was sie tun während sie spielen und manchmal sind sie still und reflektieren Situationen. Das Spiel ist eine nicht zu unterschätzende Quelle für informelles Lernen, welches in Kinder- und Jugendmuseen gefördert wird.

Grobmotorische Aktivitäten werden z.B. durch Objekte gefördert, in die die Kinder hinein oder darüber klettern können. Häufig gibt es in Kinder- und Jugendmuseen auch die Möglichkeit zu Rollenspielen, die den Kindern z.b. durch das Verkleiden und Interagieren erlauben mit erwachsenen Rollen zu agieren. Vielfach gibt es aber auch nachgebaute Umgebungen, wie z.b. Supermärkte, Bauernhöfe etc., in denen die Kinder in verschiedene Rollen schlüpfen können.

Zusammenfassend kann man sagen, dass Kinder- und Jugendmuseen mit ihren spezifischen Qualitäten die Lücken schließen müssen, für die bisher keine ausreichenden Lösungsansätze gefunden wurden, um einen Beitrag zur Entwicklung sozialer und kultureller Problemlösungen zu leisten. Daher müssen sie auch eine konkrete Möglichkeit bieten die Lebensqualität innerhalb des eigenen kommunalen Umfeldes zu verbessern (vgl. Schreiber 1998 S. 126).

3.5. Umsetzung der Museumspädagogik in Kinder- und Jugendmuseen

In diesem Kapitel werde ich mich den Fragen widmen, wie die Kinder- und Jugendmuseen museumspädagogische Praxis betreiben, welche Arten von Programmen, Aktivitäten und Veranstaltungen es gibt, welche Vermittlungsmethoden genutzt werden und wie die Zusammenarbeit von Museum und Schule aussieht. Die unterschiedlichen Vermittlungsformen werde ich durch Beispiele aus den mir vorliegenden Materialien der Kinder- und Jugendmuseen veranschaulichen.

3.5.1.   Museumspädagogische Praxis

Viele traditionelle Museen haben dank der ausgestellten Objekte eine starke Anziehungskraft. Kinder- und Jugendmuseen dagegen locken die Besucher besonders durch ihr Angebot an ausstellungsbegleitenden Programmen und Aktivitäten.

Viele Kinder- und Jugendmuseen, vor allem in den USA, bieten auch Workshops an, die nichts mit der eigentlichen Ausstellung zu tun haben, wie z.b. Kochkurse, Gitarrenunterricht etc.. Einerseits entstehen diese Kurse aus dem Bemühen der Kinder- und Jugendmuseen alle Interessen der Kinder anzusprechen, andererseits wird so versucht sich als lebendige Bildungs- und Freizeitstätte zu präsentieren. (vgl. Kolb 1983, S. 152f)

Grundsätzlich bieten die Kinder- und Jugendmuseen ein Lernmodell, wie es von PISA für das deutsche Schulwesen gefordert wird:

- „Die Themeneinheiten werden mit wissenschaftlicher Fundierung und großer Sorgfalt ausgearbeitet.

- Es werden Methoden praktiziert, die auf Neugier und entdeckendem Lernen basieren.

- Die Kinder werden durch ein Lernen ‚mit allen Sinnen' stimuliert und zum eigenständigen Fragen angeregt.

- [...] geschieht das ‚Begreifen' (die Ausbildung von Denkstrukturen) in einem unmittelbaren Sinn.

- Kindermuseen zielen auf die Vermittlung von Zusammenhängen [...]

- Dem Bewegungsdrang und den haptischen Bedürfnissen der Kinder wird Raum gegeben und soziales Lernen gefördert."

(Popp 2004, S. 68)

Praktisch stellt sich dieses Lernmodell durch die im Folgenden beschriebenen Unterpunkte dar:

Ausstellungen (Objekte, Themen und Präsentationsarten)

Das Ausstellen ist die Hauptaufgabe aller Museen, denn ohne Ausstellungen würden die Besucher ausbleiben. Die Ausstellungen und ihre Themen richten sich nach den kindlichen Bedürfnissen und Interessen, und die Objekte sind nicht nur um ihrer selbst Willen ausgestellt, wie in den traditionellen Museen, sondern sind eher Mittel zur Veranschaulichung bestimmter Sachverhalte. Alle Objekte sind des Weiteren nach den kindlichen Seh- und

Lerngewohnheiten aufgebaut, d.h. sie dürfen z.B. angefasst werden. Die Ausstellungen sind sehr farbenprächtig aufgebaut und häufig interdisziplinär, da Kinder noch nicht zwischen einzelnen Themengebieten trennen. Es wird versucht das Kind einzubeziehen, da Kinder den handelnden Umgang mit den Dingen benötigen um Erfahrungen zu sammeln. Sie lernen am besten, indem sie etwas tun (vgl. Kolb 1983, S. 159). Diese Erfahrungen dienen den Kindern zudem als Ausgangspunkte, an dem neue Lernerfahrungen angeknüpft werden können. Dementsprechend gibt es viele außergewöhnliche Ausstellungsobjekte, wie z.b. das begehbare Herz der Kinderakademie in Fulda und lebendige, bewegbare Exponate. Im Kindermuseum KLIPP KLAPP können Kinder sogar in die Rolle eines Müllers schlüpfen und den Prozess des Mahlens nachvollziehen (vgl. Anhang C).

Eine andere Art des Einbeziehens der Kinder sind Ausstellungen von Kinderarbeiten, wie z.b. Malereien oder Skulpturen, die von den Kindern selbst hergestellt wurden. Die Kinder werden so nicht nur für ihre aufgewendeten Mühen belohnt, sondern werden auch zum weiteren, produktiven Schaffen ermutigt. Des Weiteren werden die Kinder in ihrem Selbstvertrauen gestärkt und es werden anderen Kindern durch eine solche Ausstellung Anregungen zu einer sinnvollen Freizeitbeschäftigung gegeben.

Auch bei den Schildern und Texttafeln wird auf die kindlichen Bedürfnisse geachtet. Informationen werden, auf das Wesentliche beschränkt, in gut lesbaren, großen Buchstaben dargestellt, z.T. sogar in Comicform. Wenn die einzelnen Objekte nicht intuitiv erfassbar sind werden Fragen, Impulse oder Arbeitsanregungen gegeben, die dem Kind den Zugang zum Objekt erleichtern sollen und es zum Handeln auffordern (vgl. Kolb 1983, S.161f). Das vorherrschende Prinzip ist hier immer die Alltagsnähe. Viele Kinder- und Jugendmuseen versuchen über Alltagsgegenstände aus dem ökologischen und soziokulturellen Bereich die Kinder und Jugendlichen an die Probleme und Konflikte unsere Zeit heranzuführen um bei ihnen eine Einsicht und ein Verständnis für die fremden Begebenheiten zu schaffen.

Die Ausstellungsobjekte an sich können auf verschiedene Arten präsentiert werden. Einzelne Objekte, die keinen erkennbaren Bezug zur Ausstellung haben, stehen dennoch an unterschiedlichen Stellen im Museum und sollen Neugier wecken und zum Betrachten motivieren. Schubladenausstellungen dienen dem vertiefenden Studium einzelner Objekte.

So gibt es z.B. im Children's Museum of Indianapolis Briefmarken aus aller Welt, die in Schubladen liegen und mit weiteren Informationen zum Herkunftsland versehen sind.

Die häufigste Art der Ausstellung von Objekten ist jedoch, diese in ihrem ursprünglichen Zusammenhang darzustellen, damit die Kinder sich den Objekten intuitiver nähern können. Die Art und Weise der Präsentation könnte man mit dem Schlagwort der heutigen Zeit „Edutainment" beschreiben, obwohl dieser Begriff eher im Zusammenhang mit den neuen Medien genutzt wird. Dennoch denke ich, dass gerade die Kinder- und Jugendmuseen erfolgreich versuchen Bildung und Unterhaltung zu verbinden.

Führungen

Führungen der Kinder- und Jugendmuseen werden im Allgemeinen nur für Schulklassen angeboten. Sie sind häufig themenspezifisch oder sollen nur einen allgemeinen Überblick geben.

Während die Führungen der traditionellen Museen hauptsächlich passive Lernerfahrungen ermöglichen, versuchen die Kinder- und Jugendmuseen die Kinder und Jugendlichen stärker in den Ablauf zu integrieren. Ziel aller Arten von Führungen ist es, das Kind bzw. den Jugendlichen zur aktiven Teilnahme und Auseinandersetzung mit dem jeweiligen Lerngegenstand zu motivieren.

Viele Führungen basieren auf einem gemeinsamen Gespräch. Die Fragen zielen nicht auf einfach zu beantwortende Ergebnisse, sondern auf Antworten, die das Kind durch selbständiges Forschen und Erschließen finden und begründen kann. Durch diese Fragen wird das Kind an den Gegenstand herangeführt und sie helfen ihm sich den Inhalt anzueignen. Der Museumspädagoge hat bei dieser Art der Führung eher eine lenkende Rolle, d.h. er verfolgt die Äußerungen der Kinder, gibt Hilfestellungen und achtet darauf, dass die Aussagen der Kinder objekt- bzw. themenbezogen bleiben.

Eine andere Art der Führung zeigt sich in einen zweigeteilten Aufbau. Wenn die Kinder im Museum ankommen, gibt der Museumspädagoge ihnen eine kurze Einführung in das Thema. Die Kinder können sich danach selbständig entscheiden, an welchem der angebotenen Projekte sie im weiteren Verlauf teilnehmen wollen. Die einzelnen Projekte werden von je einem Betreuer begleitet, der während die Kinder die Aktionen wie z.B. Malen, Basteln und Experimentieren durchführen, ein themenorientiertes Gespräch mit ihnen entwickelt.

Gegen Ende des Besuchs treffen sich die Kinder in der Großgruppe wieder und berichten von ihren Erfahrungen.

Die häufigste Art der Führung ist die Kombination aus einem einführenden Gespräch und einem anschließenden Workshop wie z.b. im Kindermuseum des Gustav-Lübcke-Museums in Hamm. Das Museum bietet verschiedenste Führungen mit Workshops an, wie z.B. die Führung „Mythos Tutanchamun". Im gemeinsamen Gespräch soll verdeutlicht werden, dass das Alte Ägypten die Menschen ab dem 19. Jahrhundert bis heute mit Leidenschaft erfüllt und dass es auch heute noch viele ägyptische Motive auf alltäglichen Gegenständen gibt. Ein besonderes Highlight ist dabei sicherlich die getreu nachgebaute Grabkammer von Tutanchamun. Im Anschluss an das sogenannte Führungsgespräch werden im Workshop von den Kindern ägyptische Motive auf herkömmliche Dinge übertragen. Auch hier wird versucht die Kinder bzw. Jugendlichen zur aktiven Teilnahme und Auseinandersetzung mit dem jeweiligen Lerngegenstand zu motivieren (vgl. Anhang D).

Arbeitsblätter

Arbeits- bzw. Aufgabenblätter, teilweise auch in Form von Museumsrallyes, führen Kinder und Jugendliche themenorientiert durch die Ausstellung. Häufig genutzte Aufgabentypen sind Informations-, Such-, Beobachtungs- und Einordnungsaufgaben, Zeichen- und Bastelanregungen und Spiele.

Sie dienen dazu Kinder durch Fragen, Impulse und Arbeitsaufträge zu einer aktiven Auseinandersetzung zu führen, sie anzuleiten sorgfältig zu beobachten und nachzuforschen und die eigenständige Erschließung der Objekte und Themen zu fördern (vgl. Kolb 1983, S. 193).

Gerade diese Art der Vermittlung sehe ich als sehr umstritten an. Peter Kolb hat meiner Meinung nach Recht, wenn er sagt, dass eine weitgehende Individualisierung des Lernprozesses möglich ist, da das Kind sich in der Auseinandersetzung mit dem Objekt nach seinem individuell benötigten Lerntempo richten kann. Er beschreibt weiterhin die ständige Aktivierung des Kindes durch die Arbeitsblätter, da das Kind seinen Lernfortschritt nur selber vorantreiben kann und sich nicht, wie z.b. bei Führungen zwischendurch gedanklich ausklinken kann. Des Weiteren ist bei der Bearbeitung des Arbeitsblattes in Gruppen auch ein soziales Lernen möglich (Kolb 1983, S. 198ff), aber wer schon einmal Schulklassen im Museum beobachtet hat, wenn sie sich die Themen im Museum anhand von Arbeitsblättern erschließen sollen, der weiß, dass es häufig nur darum geht als erster fertig zu sein und dass, sobald ein Schüler eine Aufgabe gelöst hat, die anderen bei ihm abschreiben. Vor allem bei Aufgaben, die darauf zielen, dass ein bestimmter Text genau durchgelesen wird, passiert dieses häufig. Daher denke ich, dass Arbeitsblätter zwar durchaus sinnvoll sind, aber nur, wenn sie entsprechend aufbereitet sind. So sollte es zum Beispiel viele Fragen und Aufgaben geben, die frühere Erfahrungen, soweit dies möglich ist, ansprechen bzw. an diese anknüpfen und für die es keine Antwort gibt, die aus einem Text abgeschrieben werden kann, sondern nur Antworten, die durch Nachdenken, Nachforschen und Kombinieren gefunden werden können. Um dem Abschreiben vorzubeugen, könnte man z.b. die Gruppe schon vor Beginn in kleinere Gruppen unterteilen, die sich thematisch jeweils mit einem anderen Aspekt beschäftigen. Die Ergebnisse könnten dann am Ende in der Großgruppe ausgetauscht und diskutiert werden. Dadurch ergibt sich auch der Vorteil, dass jedes Kind seine individuellen Erfahrungen der Gruppe berichten kann und dass die anderen Kinder auf weitere Aspekte und Objekte aufmerksam gemacht werden, die sie selbst so nicht gesehen haben.

Schulprogramme

Programme für Schulklassen im Museum bietet heute fast jedes Museum an, um den Lehrern zu ermöglichen, das Museum als Ergänzung ihres Unterrichts zu nutzen und es nicht nur als Ausflugsziel am Wandertag zu besuchen.

Die Kinder- und Jugendmuseen und auch viele traditionelle Museen beschreiben in ihren Programmen die angebotenen Schulprogramme und verschicken zum Teil auch weiterführende Informationen an die Lehrer.

Allerdings ist der Begriff Schulprogramme eigentlich nicht ganz richtig. Die Programme richten sich zwar hauptsächlich an Schulen, aber es werden auch Programme für Vorschulen, Kindergärten und Kindertagesstätten angeboten. Ich werde im weiteren Verlauf von Schulen sprechen, schließe damit aber die oben genannten Institutionen nicht aus.

Schulprogramme beziehen sich jedoch nicht nur auf das Programm, welches die Museen den Schulen am Besuchstag bieten, sondern gehen häufig über die Mauern dessen hinaus (siehe unter Abschnitt **Schulprogramme im Klassenzimmer**).

Ein weiterer Aspekt der Schulprogramme sind die Fortbildungen und Workshops für Lehrer, Erzieher und Pädagogen, die von den Kindermuseen organisiert werden.

Schulprogramme im Museum

Beim Besuch der Schulklasse im Museum unterscheidet man zwischen einmaligen Unterrichtseinheiten und Unterrichtseinheiten, welche über mehrere Stunden und Wochen durchgeführt werden.

Beide Arten orientieren sich am Lehrplan der Schulen des jeweiligen Landes oder ergänzen diesen. Ein besonderes Merkmal ist der fächer- und jahrgangsübergreifende Aufbau, der es ermöglicht möglichst viele Klassen mit ein und demselben Programm zu erreichen (vgl. Kolb 1983, S. 230).

Meines Erachtens hat dieser Aufbau aber auch noch einen anderen Vorteil. Viele Schulen erproben zurzeit einen jahrgangsübergreifenden Unterricht oder entwickeln zumindest Projekte bei denen Kinder und Jugendliche unterschiedlicher Jahrgangsstufen zusammen an einem Thema arbeiten. Das Museum unterstützt diesen Trend durch einen fächer- und jahrgangsübergreifenden Aufbau.

Während des einmaligen Besuches bleibt die Gruppe entweder zusammen oder sie teilt sich in Kleingruppen auf. Das Gustav-Lübcke-Museum in Hamm bietet z.B. für Schulklassen verschiedene Führungen mit anschließendem Workshop an, wie z.b. die Führung zum Thema „Mythos Tutanchamun", die ich weiter oben schon beschrieben habe (vgl. auch Anhang D).

Eine andere Art des Besuches, die jedoch eher selten praktiziert wird, ermöglicht jedem einzelnen Schüler sich nach einer kurzen Einführung einem bestimmten Aspekt des Themas besonders anzuschauen und die Ausstellung unter diesem Gesichtspunkt zu betrachten.

Unterrichtseinheiten, die über mehrere Stunden und Wochen verteilt sind bieten gegenüber den einmaligen Besuchen den Vorteil, dass sich die Gruppe vertieft mit einem Thema oder einem Aspekt des Themas auseinandersetzen kann.

Schulprogramme im Klassenzimmer

Besonders die Kinder- und Jugendmuseen haben z.B. Materialien und thematische Einheiten zusammengestellt mit denen Lehrer den Besuch im Museum vor- bzw. nachbereiten können. Manche Museen verleihen sogar Medienpakete oder schicken Museumspädagogen mit mobilen Einheiten in die Schulen.

In diesen Medienpakten können Originale, Reproduktionen, Modelle, Bilder, Schautafeln, Graphiken, Diaserien, Filme, Tonbänder, Materialien für ausstellungsbegleitende Aktivitäten, Fach- und Sachbücher und Lehrerbegleithefte mit Unterrichtsanregungen und – beispielen enthalten sein (vgl. Kolb 1983, S. 247). Die Idee dieser Medienpakte und mobilen Einheiten ist es, den Schülern, die, aus welchen Gründen auch immer, nicht ins Museum kommen können, das Museum nahe zu bringen bzw. diese auf den Besuch im Museum vorzubereiten und diesen zu ergänzen.

Ihren Ursprung haben die Medienpakete in „der Initiative von Lehrern, die den hohen Motivationswert des Museumsbesuches erkannten, jedoch gleichzeitig feststellen mußten, daß bei einem einmaligen Museumsbesuch kein detailliertes Wissen und keine eindeutigen Verhaltensänderungen bezüglich eines Schulfaches aufgebaut werden kann." (Kolb 1983, S. 244).

Das Children's Museum of Indianapolis hat für jede größere Themeneinheit ein Schulprogramm erstellt, so gibt es für die Klassen drei bis fünf z.b. Einheiten zu den Themengebieten „Dinosphere", „Bones: An Exhibit Inside You", „Drumbeats: Catch the Beat!", „Famous Hoosiers"[10], „One With the Earth: Native Americans and the Natural World", „Onstage and Behind the Scenes" and „Puppets" (vgl. http://www.childrensmuseum.org).

Museen auf Rädern

Viele Kinder und Jugendliche haben keine Gelegenheit ins Museum zu kommen, sei es aus Geldmangel oder aufgrund der weiten Entfernung zum nächsten Kinder- und Jugendmuseum.

Einige Museen, wie das Museum unterwegs Meißen e.V., haben daher keine festen Räumlichkeiten, sondern operieren nur mit mobilen Einheiten, z.B. aus einem umgebauten Bauwagen heraus.

Andere Museen haben mobile Programme als ein Baustein ihrer museumspädagogischen Arbeit eingerichtet, die zu den Kindern und Jugendlichen gehen. Damit wollen sie besonders die kulturell benachteiligten Kinder und Jugendlichen erreichen.

Es gibt drei verschiedene Typen dieser mobilen Einheiten:
Erstens gibt es Fahrzeuge, die als Museum umfunktioniert und umgebaut wurden, wie z.B. LKWs, Busse und Bauwagen. Man nennt diesen Typ Mini-Museum.

---

[10] „Hoosiers" ist der alltagssprachliche Begriff für die Bewohner Indianas

Zweitens gibt es die sogenannten mobilen Einheiten. Das sind Fahrzeuge, die mit Exponaten und Schausammlungen ausgestattet sind, welche an Ort und Stelle aber noch aufgebaut werden müssen.

Drittens gibt es die Kombination aus beiden, wobei dann häufig auch noch Workshops und ein Rahmenprogramm angeboten werden (vgl. Kolb 1983, S. 224).

Präsentationen

Demonstrationen sind ein häufiger Bestandteil von Führungen und Workshops, können aber auch ein eigenständiger Programmteil sein. Indem eine Funktionsweise (z.B. das Honigschleudern oder das Herstellen eines Seils im Freilichtmuseum Hagen) vorgeführt wird, werden Einblicke in die Arbeitsmethode und Tätigkeiten ermöglicht. Erklärungen über die verwendeten Materialien, Werkzeuge, Arbeitsschritte und Methoden etc., die während der Demonstration gegeben werden, bieten Erkenntnisse über die Herstellung. Bei vielen Demonstrationen werden auch einzelne Kinder und Jugendliche aus dem Publikum als Helfer miteinbezogen.

Workshops

Es gibt zwei grundsätzliche Arten von Workshops: Workshops für Besucher, die sich spontan entscheiden mitzumachen und Workshops, für die eine Anmeldung notwendig ist.

Workshops für Besucher finden regelmäßig während der Öffnungszeiten statt. In der Regel sind sie kostenlos und bearbeiten eine thematisch abgeschlossene Einheit. Die Dauer beläuft sich zwischen einer Viertelstunde und einer Schulstunde (vgl. Kolb 1983, S. 208). Workshops mit Anmeldung haben eine ganz andere Zeitspanne. Sie können mehrere Stunden, Tage und Wochen umfassen und behandeln das jeweilige Thema wesentlich detaillierter.

Das Atlantis Kindermuseum bietet z.B. Schulworkshops an, die Themen der Ausstellung aufgreifen und vertiefen. Je nach Altersstufe werden die Wissensvermittlung und die Auseinandersetzung mit den Themen entsprechend aufbereitet. Die Workshops haben eine aktive, spielerisch-gestaltende Art, eine kreative Form oder finden mit Experimenten statt (vgl. http://www.atlantis-kindermuseum.de).

Ein Beispiel für eine gestalterische und kreative Art des Workshops kann die Vermittlung von Erfahrungen durch Auseinandersetzungen mit historischen Wirklichkeiten sein. Das

Gustav-Lübcke-Museum in Hamm bietet z.b. einen Workshop zur derzeitigen Ausstellung „Tuja und Pepi" an, bei dem es darum geht eine Theaterrevue einzustudieren und die dafür benötigten Bühnenbilder und Requisiten selbst herzustellen. Rollenspiele, zu denen im weitesten Sinne auch das Theater zählt, geben Kindern und Jugendlichen die Möglichkeit sich die vergangenen Zeiten oder Kulturen zu erspielen und dadurch die Vergangenheit besser kennen und verstehen zu lernen.

Beide Arten des Workshops haben den Vorteil, dass die Teilnehmer Erfahrungen aus erster Hand machen können.

Exkursionen/Camp-Ins/Special Events

Manche Museen gehen sogar noch weiter, über ihre räumlichen Grenzen hinaus, und bieten Ausflüge in die nähere Umgebung und Besuche kommunaler Einrichtungen an. Ziel dieser Exkursionen ist es Schranken abzubauen und Einblicke in die Arbeitswelt zu schaffen.

Camps sind Ferienaktivitäten, die von einmaligen Workshops über richtige Ferienfreizeiten von mehreren Wochen reichen. In den USA gibt es viele verschiedene Varianten von Camps und fast alle kulturellen und öffentlichen Einrichtungen bieten diese an. Es ist daher auch nicht verwunderlich, dass gerade in den USA auch die meisten Angebote der Museen für Camps zu finden sind. Das Young At Art Children's Museum bietet z.B. Art Mini Camps an, die jeweils über eine Woche laufen und sich mit den Themen: Kultur, Natur, Farben, Ritter etc. auseinandersetzen (vgl. Anhang E). Das Children's Museum of Montana bietet wöchentliche Camps zu verschiedensten Themen aus der Naturwissenschaft an, während dass Canadian Children's Museum Tagescamps anbietet. Diese Camps sind nicht kostenlos, sondern es müssen je nach Art des Camps unterschiedlich hohe Beträge bezahlt werden.

In Deutschland gibt es solche Camps eher selten. Weitaus häufiger veranstalten die Kinder- und Jugendmuseen hierzulande sogenannte Ferienspiele. Während der Ferien finden vermehrt Workshops und weitere Angebote statt, an denen Kinder und Jugendliche teils mit und teils ohne Anmeldung teilnehmen können.

Fast jedes Museum bietet weitere besondere Programme an, die ich unter Events zusammenfassen möchte. Das Junge Museum Speyer bietet z.B. Fortbildungsveranstaltungen für

Lehrer an (vgl. Konzept des Jungen Museums o.J., S. 7). Familiensonntage, wie im Kindermuseum des Historischen Museums in Frankfurt, fallen genauso unter Special Events, wie die Präsenz bei Stadtfesten und Veranstaltungsreihen. Ein immer häufiger genutztes Angebot ist auch die Ausrichtung von Kindergeburtstagen im Museum.

3.5.2. Partizipation der Kinder und Jugendlichen

Die Partizipation der Kinder und Jugendlichen in den Kinder- und Jugendmuseen ist ein Teil der museumspädagogischen Praxis und wird als besonders wichtig eingestuft. Daher möchte ich dieses Thema als einzelnen Unterpunkt behandeln.

Die aktive Beteiligung von Kindern und Jugendlichen an der Themenfindung und der Gestaltung von Ausstellungen ist für viele Kinder- und Jugendmuseen ein wichtiger Bestandteil der Konzeption, auch wenn bisher nur wenige Kinder- und Jugendmuseen diese Forderung umsetzen.

Vielfach fehlt es an der Finanzierung, manchmal auch am geringen Personalschlüssel oder an fehlenden Ideen, dabei ist es gar nicht so schwer Kinder und Jugendliche in die museumspädagogische Arbeit einzubinden.

Zuallererst könnte dieses über Workshops und Projekte passieren: Die dort angefertigten Objekte können im Museum ausgestellt oder wie z.B. beim Kindermuseum KLIPP KLAPP verkauft werden. Dort wurde ein Kochbuch für Kinder von Kindern erstellt (vgl. Anhang C).

Es können aber durchaus auch einzelne Aktionen sein, durch die Kinder und Jugendliche involviert werden, so wurde z.b. der Name des jungen museums von einer Schülerpraktikantin erfunden, während die Fassadenbeschriftung von Schülern einer Berufsschule in Bottrop angefertigt wurde (vgl. Anhang F).

Viele amerikanische Kindermuseen arbeiten eng mit Schulen zusammen und lassen regelmäßig Prototypen von Ausstellungsobjekten in Schulen testen, um besser auf die Bedürfnisse der Kinder eingehen zu können und um die Ausstellungsobjekte zu optimieren.

Bei der Durchsicht der Materialien, die mir die Kindermuseen aus den USA geschickt haben, wurden immer wieder „Brainstorming-Sessions" und Kinder- und Jugendräte als eine Art der Beteiligung genannt. Bei den „Brainstorming-Sessions" geht es darum mit einer Gruppe von Kindern Ideen zu einem bestimmten Ausstellungsthema oder zu Ausstellungsthemen allgemein zu finden. Durch diese Methode können die Mitarbeiter herausfinden welche Aspekte eines Themas bzw. welche Themen die Kinder und Jugendlichen momentan interessieren.

Die Kinder- und Jugendräte bestehen meist aus zehn bis 20 Kindern und Jugendlichen, die sich genau wie die Erwachsenen mehrmals im Jahr treffen. Ihre Aufgaben sind z.b. mit darüber zu entscheiden, welche Ausstellungen ausgeliehen oder gebaut werden sollen, Evaluationen durchzuführen, um den Wünschen der Besucher besser gerecht werden zu können und an der Entwicklung und Gestaltung einer Ausstellung bzw. einzelnen Ausstellungsstücken mitzuhelfen.

Aber nicht nur dem Museum hilft die Beteiligung von Kindern und Jugendlichen an ihrer Arbeit. Auch die Kinder und Jugendlichen selbst profitieren davon. Durch die aktive Beteilung erhalten sie die Möglichkeit ihre Phantasien auszuleben bzw. ihre Wünsche und Vorstellungen zu artikulieren und sich dabei ernst genommen zu fühlen. Es kommt ihrem Bedürfnis ihre körperlichen, geistigen und gefühlsmäßigen Fähigkeiten unter Beweis zu stellen und dem Bedürfnis nach Gestaltung und Entfaltung eigener Vorstellungen entgegen (vgl. Bochning 1997, S.8).

Als wichtige Bedeutungen, die die aktive Mitarbeit für Kinder und Jugendliche hat, werden im Konzept des Kinder- und Jugendkulturprojekts „fjutscha" des Weiteren die Übung sozialer Handlungsformen, die Kommunikation mit den unterschiedlichsten Personen und die Stärkung des Selbstwertgefühls genannt (ebd.).

An diesen Beispielen kann man sehen welche Wirkung es für Kinder und Jugendliche haben kann, an solchen Projekten beteiligt zu werden. Darum sollten Kinder- und Jugendmuseen, die es sich zum Ziel gesetzt haben, sich an den Bedürfnissen und Interessen ihrer Zielgruppen zu orientieren, auch die Beteiligung dieser fördern.

Ein weiterer Nebeneffekt ist es, dass Kinder und Jugendliche weniger Zerstörungswut und Vandalismus zeigen, wenn die Ausstellungsstücke von ihnen bzw. von anderen Kindern und Jugendlichen gestaltet wurden (vgl. König 2001).

3.5.3.   Ehrenamtliche und Praktikanten

Eine wichtige Rolle in der Museumspädagogik der Kinder- und Jugendmuseen nehmen die ehrenamtlich Tätigen und die Praktikanten und Praktikantinnen ein. Ohne die aktive und unentgeltliche Mitarbeit wäre es vielerorts nicht möglich den Betrieb aufrecht zu erhalten.

In den USA gibt es sogar spezielle Programme und Koordinatoren für Volunteere (Ehrenamtliche) und Praktikanten und meistens auch lange Wartelisten. Diesen Andrang kann man vielleicht etwas besser verstehen, wenn man weiß, dass in den USA das Ehrenamt einen sehr viel höheren Stellenwert hat, als hierzulande.

Das Children's Museum of Indianapolis ist nur ein Beispiel für die Wertschätzung, die Ehrenamtlichen in den USA zuteil wird. Das Kindermuseum veranstaltet nach einem Einstellungsgespräch mehrere Kurse und Trainings um die Ehrenamtlichen auf ihre zukünftige Tätigkeit vorzubereiten. Obwohl sie unentgeltlich arbeiten, bekommen sie viele Vergünstigungen, wie z.B. Rabatt in den Restaurants im Museum, im Museumsshop, verbilligte Angebote für Kurzurlaube mit allen Volunteeren, und es finden mehrmals jährlich sogenannte „Special volunteer recognition events" statt. Natürlich verpflichten sie sich im Gegenzug dazu eine bestimmte Anzahl an Stunden abzuleisten (vgl. http://www.childrensmuseum.org).

Ziel der Volunteerprogramme, die häufig schon für Kinder und Jugendliche angeboten werden, ist es, Menschen die Möglichkeit zu bieten durch das Lernen und Arbeiten in einer Gemeinschaft zu einer verantwortungsbewussten Persönlichkeit heranzuwachsen (vgl. Kolb 1983, S. 260)

Für die Praktikanten und Praktikantinnen, die durch ihre Tätigkeit einen Einblick in das Berufsleben bekommen wollen, gibt es teilweise sogar spezielle Ausbildungsprogramme. Auch hier kann man in den USA ein grundsätzlich anderes Verständnis von Praktikanten und Praktikantinnen feststellen. Sie werden fest ins Team integriert, haben häufig sogar die gleichen Rechte und Pflichten wie die Festangestellten und bekommen meistens ein eigenes Projekt, an dem sie während ihres Praktikums selbstständig arbeiten.

Die meisten Kindermuseen arbeiten eng mit den Universitäten zusammen und ermöglichen so vielen Studenten und Studentinnen einen Praktikumsplatz. Das Children's Museum of Indianapolis hat das größte, mir bekannte, Praktikumsangebot mit sechs verschiedenen

Tätigkeitsbereichen, wie z.B. Administration, Herstellung von Ausstellungen, Museumspädagogik, Praktika im Bereich der Sammlung und im Bereich Theater.

Der Bereich Museumspädagogik gliedert sich weiter auf in die Bereiche: Vorschule, Schule, Umfeld (Nachbarschaft), Erwachsene und Neue Medien. Für die Praktikumsplätze gilt im Grunde genommen das gleiche wie für die ehrenamtliche Tätigkeit: Auch das Praktikum ist meistens unbezahlt und es gibt verschiedene Events und Vergünstigungen speziell für diese Gruppe (vgl. http://www.childrensmuseum.org).

Impressionen 2

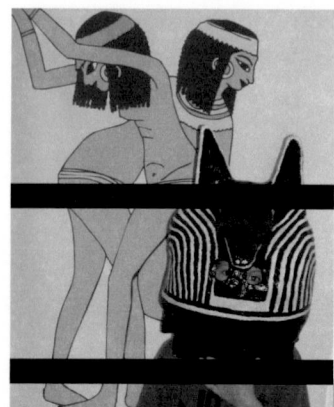

4. Kinder- und Jugendmuseen in den USA und in Deutschland

Aufgrund des doch sehr großen und umfangreichen Rücklaufs, musste ich mich für die Beschreibung der Kinder- und Jugendmuseen auf einige wenige beschränken. Ich habe versucht verschiedene Typen von Museen auszuwählen, um so die ganze Bandbreite dieses besonderen Museumstyps darstellen zu können.

Stellvertretend für die amerikanischen Kindermuseen werde ich das Children's Museum of Houston, das Arizona Museum for Youth und das Phoenix Family Museum vorstellen. Für die deutschen Initiativen und Projekte stehen exemplarisch das Mobile Kindermuseum FZH Vahrenwald, das Jugend Museum Schöneberg, das Kindermuseum des Deutschen Museums, das miraculum MachMitMuseum Aurich und das Labyrinth Kindermuseum Berlin.

Weltweit gibt es sehr viele Projekte und Initiativen und einige dieser haben mir auch auf meinen Fragebogen (vgl. Anhang A) geantwortet. Da ich bei diesen Antworten aber nur wenig Vergleichsmöglichkeiten habe und die Situation, in der sich diese Museen befinden, durchaus vergleichbar ist mit der Situation amerikanischer und deutscher Kindermuseen, werde ich diese Einrichtungen nicht einzeln beschreiben, sondern nur einen allgemeinen Überblick geben.

4.1. Pädagogik der Kinder- und Jugendmuseen in den USA

4.1.1. Allgemeine Situation

Die Kindermuseumsbewegung kommt ursprünglich aus den USA. Dort gibt es bereits seit vielen Jahren solche Einrichtungen und diese erfahren eine ganz andere Beachtung als die deutschen Kinder- und Jugendmuseen.

Meines Erachtens wird in den USA mehr Wert auf die Förderung der Kinder gelegt und der Bildung wird generell mehr Beachtung geschenkt. Aus diesem Grund fließen auch viel mehr Gelder in die Bildung und somit in die Museen. Besonders nach dem Sputnikstart 1957 wurden in Amerika staatliche Fördermaßnahmen entworfen, um das Bildungswesen aufzuwerten und im technologisch-wissenschaftlichen Wettstreit wieder gleichberechtigt zu sein. Auch die Museen erhielten finanzielle Unterstützung vom Staat für die Zusammenarbeit mit Schulen, für die Entwicklung und Erprobung neuer Unterrichtsmethoden und –medien, für die Einrichtung von Gemeinschaftszentren zur Förderung der Bildung, für ihre Ausbildungsprogramme im Bereich der Museumspädagogik und für die Planung und Durchführung spezieller Programme für besonders intelligente bzw. behinderte Kinder (vgl. Kolb 1983, S. 51ff).

Allerdings liegt es auch an der Anerkennung, die Kindermuseen in den USA erfahren bzw. an der kritischen Haltung gegenüber der anderen Art der Vermittlung in den Kinder- und Jugendmuseen in Deutschland, dass die Kindermuseen in den USA nicht als Konkurrenz der klassischen Museen empfunden werden, während hier in Deutschland das Konkurrenz-denken ein großes Problem darstellt.

Auch die generelle Orientierung des amerikanischen Museumswesens an der Vermittlung stand schon immer im Vordergrund, während in Deutschland bisher in den traditionellen Museen dem Sammeln, Forschen und Bewahren mehr Beachtung zugekommen ist (vgl. König 2001).

In den USA steht vor allem die Öffentlichkeitsarbeit und das ehrenamtliche Engagement an erster Stelle (vgl. König 2002, S. 53). Viele Museen sind eng an ihr soziales und kulturelles Umfeld gebunden und haben teilweise sogar spezielle Volunteer- und/oder Prakti-kantenprogramme, um einen gewissen Qualitätsstandard des Museums bzw. in der Arbeit mit dem Besucher zu gewährleisten. Des Weiteren arbeiten die Kindermuseen dort eng mit Schulen und Universitäten zusammen und sind auch deshalb ein fester Bestandteil des Er-ziehungs- und Bildungssystems.

In den USA gibt es zurzeit über zweihundert Kindermuseen, die von sehr kleinen Einrich-tungen mit nur ein bis zwei Festangestellten bis hin zu großen Kindermuseen mit bis zu hundert Festangestellten reichen. Das Children's Museum of Indianapolis z.B. ist nicht nur „das größte seiner Art, sondern auch das meistbesuchte Museum im Staat Indiana" (Deffke 1997, S. 380). Ein Kindermuseum, welches als meistbesuchtes Museum überhaupt gilt, kann man sich in Deutschland zurzeit nur schwer vorstellen.

Allerdings müssen die Kindermuseen in den USA auch sehr viel besucherorientierter sein, um sich neben Shopping Malls und Vergnügungsparks behaupten zu können (vgl. König 2001).

4.1.2. Phoenix Family Museum

Das Phoenix Family Museum wurde von zwei Familien 1998 gegründet. 1999 wurde die erste mobile Ausstellung durchgeführt. Im Jahre 2000 wurde ein Gebäude, eine alte Schule, für das Museum gefunden. Im Moment laufen noch die Renovierungsarbeiten, aber 2007 soll das Museum in den neuen Räumlichkeiten eröffnet werden. Um die Ausstellungen dort auch an die Wünsche der Kinder und Jugendlichen anzupassen und die Funktionalität zu überprüfen, sollen ab 2005 Ausstellungsstücke in Schulen getestet werden. Ab 2009 sollen dann Wanderausstellungen konzipiert werden (vgl. http://www.phoenixfamilymuseum.org).

Vorstellung der Konzeption

Das Familienmuseum in Phoenix möchte sich als Ort für interaktive Erfahrungen sehen, an dem der Besucher mit allen seinen Fähigkeiten (physisch, intellektuell, kreativ, sozial und emotional) angesprochen wird. Es sollen jedoch auch starke Netzwerke und Kooperationen mit Schulen, Jugendämtern, Künstlern, künstlerischen Institutionen und anderen kommunalen Einrichtungen eingerichtet werden. Zusätzlich möchte das Museum ein „Resource Center" aufbauen, um jeden Interessierten mit Hilfe von unterschiedlichen Materialien über die Themen Kindheit, Familie und Elternzeit zu informieren.

Das Museum will Kindern und Erwachsenen die Möglichkeiten geben zusammen zu spielen und zu lernen, da Kinder diese Zeit brauchen, um eine gesunde Entwicklung zu durchlaufen. Folgende Punkte sieht das Phoenix Family Museum als besonders wichtig bei der Konzeption an:

- Kinder müssen sich selbst als liebenswert und fähig sehen, um ein gesundes Selbstbewusstsein zu entwickeln.

- Menschen lernen auf informellem Wege durch Spielen, Erfahren und Kommunizieren.

- Lernen muss zunächst konkret sein, bevor es abstrakt werden kann. Erfahrungen müssen erst gemacht werden, bevor sie zu Wissen werden können.

- Kinder lernen durch Spielen, denn sie haben dort die Möglichkeit Verhaltensweisen auszuprobieren und Ängste zu verarbeiten.

- Kinder lernen durch Imitation.

- Lernen ist immer individuell, denn jeder Mensch nimmt Informationen und Erfahrungen unterschiedlich auf.

- Der Prozess des Erfahrens, der Nutzung der Phantasie und das Üben von Kompetenzen ist bei Kindern wichtiger als das Ergebnis.

Von Anfang an ist dem Museum die Partizipation von Kindern und Jugendlichen sehr wichtig gewesen. So gibt es z.b. Nachmittage, an denen ein Brainstorming für neue Ausstellungen stattfindet und an denen Prototypen ausprobiert werden. Eine Gruppe jugendlicher Volunteere hilft des Weiteren bei der Planung und Erstellung von Ausstellungsobjekten und führt während der Ausstellung Evaluationen durch (vgl. http://www.phoenixfamilymuseum.org).

Vorstellung der Praxis

In der bisherigen Arbeit des Museums gab es jährlich mindestens zwei mobile Ausstellungen. Im August 2000 wurde z.b. die Ausstellung „Shake, Rattle and Roll" eröffnet, bei der es um Musikinstrumente aus der Küche, afrikanische Trommeln und Wasserinstrumente ging. Diese Ausstellung wurde ein Jahr später in etwas veränderter Form in einem Bus untergebracht, der die Ausstellung zu den Schulen bringt (vgl. ebd.).

Schwerpunkte der Museumsarbeit

Man kann sagen, dass das Phoenix Family Museum sehr an den Interessen und Bedürfnissen der Kinder und Jugendlichen interessiert ist, da es z.b. seine Ausstellungsstücke in Schulen testen lassen will. Eine Orientierung an Alltagserfahrungen ist zumindest bei der oben beschriebenen Ausstellung gegeben, denn fast jedes Kind hat schon mal Töpfe zu Trommeln und befüllte Dosen zu Rasseln umfunktioniert.

Auf die Beteiligung von Kindern und Jugendlichen an der Ideenfindung, Planung und Umsetzung legt das Museum einen großen Wert, was die oben beschriebenen Wege der Partizipation verdeutlichen.

Schon die Bezeichnung als Familienmuseum lässt Rückschlüsse darauf zu, dass Eltern gemeinsam mit ihren Kindern lernen und Spaß haben sollen. Das zeigt, dass vor allem die Zeit, die Familien zusammen verbringen, sehr wichtig für die Entwicklung der Kinder ist. Kommunikation spielt hier also eine große Rolle.

Lernen durch handlungsorientierte Angebote ist ein weiterer Aspekt des Phoenix Family Museums: In der kurzen geschichtlichen Übersicht des Museums finden sich immer wieder Hinweise auf hands-on Angebote, die auf das Vorhandensein von handlungsorientierten Angeboten schließen lassen (vgl. http://www.phoenixfamilymuseum.org).

4.1.3.   Arizona Museum for Youth

„An art museum you can kid around in!" ist der Slogan des 1978 gegründeten Arizona Museum for Youth. 1981 wurde die erste Ausstellung, Mexican Masks, in der Poca Fiesta Strip Mall eröffnet und 1983 bekam das Museum feste Räumlichkeiten in einem alten Supermarkt (vgl. Anhang G).

Vorstellung der Konzeption

Das erklärte Ziel des Arizona Museum for Youth ist es innovative und interaktive Kunstmuseumserfahrungen zu entwickeln, herzustellen und zu präsentieren. In einer großen Galerie werden drei Mal jährlich wechselnde Ausstellungen zum Thema Kunst, speziell für Kinder aufbereitet, dargeboten. Dieser Bereich ist der Zielgruppe der Fünf- bis Zwölfjährigen gewidmet, während die Null- bis Fünfjährigen seit diesem Frühjahr in der ersten permanenten Ausstellung, „ArtVille", einen für sie geeigneten Platz finden können. „ArtVille" ist aufgebaut wie eine kleine Stadt, die ihre Struktur durch übergroßes Kunstzubehör (wie z.B. Pinsel, Farbtuben, Kreiden etc.) bekommt. Es gibt dort z.B. eine Küche, die Kinder zum Abmessen, Kochen, Sortieren und Recyceln anregen soll und einen Garten, in dem Gemüse angepflanzt werden kann, wobei nicht näher erläutert wurde, ob es sich hierbei um einen „echten" Garten handelt oder um einen „Plastik"-Garten (vgl. Anhang G).

Vorstellung der Praxis

Im Arizona Museum for Youth gibt es eine große, wechselnde Ausstellung und drei weitere kleinere Ausstellungen im Jahr. Zusätzlich gibt es seit diesem Frühjahr eine Dauerausstellung, die für die null- bis fünfjährigen Besucher konzipiert ist. Des Weiteren bietet das Museum Führungen für Schulklassen, Kunstunterricht und Workshops an.

Viele der schon gezeigten Ausstellungen beschäftigten sich mit kulturellen Themen. So gab es z.b. die Ausstellung „!Arriba! El arte popular!", eine Ausstellung, welche sich mit mexikanischer Kunst befasst und „Land of the rising sun", eine Ausstellung über japanische Kunst. Das Museum orientiert sich aber auch an aktuellen Themen, wie z.b. „Art and Artifact of Athletics", eine Ausstellung, die sich mit den olympischen Sommerspielen beschäftigt (vgl. Anhang G).

Schwerpunkte der Museumsarbeit

Die Titel der einzelnen Ausstellungen deuten sowohl auf eine Orientierung an den Interessen der Kinder und Jugendlichen als auch auf eine Orientierung an Alltagserfahrungen hin. Im Newsletter des Kindermuseums findet sich die Beschreibung einer Ausstellung zum Thema olympische Sommerspiele und man kann an dieser Ausstellung sehen, dass sich das Museum an Themen orientiert, die aktuell sind und die Kinder interessieren.

Es gibt sogenannte Gallery Guides, Hefte, die Familien bei ihrem Ausstellungsbesuch begleiten und die Kommunikation zwischen Eltern und Kind anregen sollen (vgl. ebd.).

4.1.4.   Children's Museum of Houston

Das Children's Museum of Houston wurde im November 1980 von einer Gruppe engagierter Eltern gegründet. 1984 wurde die erste Ausstellung „Kidtechnics" in der Blaffer Gallery der Universität Houston gezeigt, bevor das Museum 1985 in eigenen Räumen eröffnet wurde.

Ziel des Museums ist es eine Gemeinschaft durch innovatives, kindgerechtes Lernen zu verändern, da es in der heutigen Zeit immer wichtiger wird, nicht nur Wissen anzuhäufen, sondern dieses Wissen zu nutzen, um neue Lösungen und Möglichkeiten zu entdecken.

Das Museum hat als Zielgruppe die Gruppe der Null- bis Zwölfjährigen, da es überzeugt davon ist, dass gerade in den frühen Jahren der Kindheit ein Grundstein gelegt wird für die Entwicklung von kognitiven, emotionalen, sozialen, und moralischen Kenntnissen und Fähigkeiten.

Einen besonderen Schwerpunkt legt das Children's Museum of Houston auf die Rolle der Eltern als erste Lehrer ihrer Kinder und unterstützt Eltern bei dieser Aufgabe durch Workshops, Informationsveranstaltungen und durch ihre Parent Resource Library, auf die ich im Folgenden noch näher eingehen werde.

Auch die Einbettung in das soziale Umfeld ist dem Museum sehr wichtig, da es viele spanischsprachige Familien in seinem Einzugsbereich gibt. Um diesen besser gerecht werden zu können und um sie nicht auszuschließen, sondern einzuladen, sind alle Schilder im Museum zweisprachig beschriftet und es gibt auch spanischsprachige Mitarbeiter. Da diese Gruppe meist auch zu der Gruppe mit geringerem Einkommen zählt, veranstaltet das Museum Free Admission Nights, an denen der Eintritt kostenlos ist. Ziel dieses Bilingualismus ist es Barrieren zwischen den Kulturen abzubauen.

Aus der Befürchtung heraus, dass die Kinder in Houston keine adäquaten mathematischen Kompetenzen erlernen, hat sich das Museum entschlossen dem Bereich der Mathematik spezielle Förderung zuteil werden zu lassen. So gibt es z.b. die „Family Math Adventure" Programme, die einmal wöchentlich stattfinden und an denen spezielle Aktivitäten zum Thema Mathematik vorbereitet werden (vgl. Children´s Museum of Houston 2004).

Vorstellung der Konzeption

Bei der Planung und Durchführung von Ausstellungen und weiteren Veranstaltungen geht das Museum von einer Konzeption aus, die auf den Arbeiten der Entwicklungspsychologen Jean Piaget, Lev Vygotsky und Constance Kammi und der Kognitivisten Howard Gardner, John Dewey, Benjamin Bloom und Mel Levine beruhen.

Das Museum hat eine Liste von Kriterien zusammengestellt, die ihre Philosophie zusammenfassen:

- Kinder brauchen Aktivitäten, die Lernen nach den Prinzipien des „Hands on!" und „Minds on!" fördern

- Kinder haben schon von Natur aus Spaß am Lernen und sie erfahren Befriedigung durch den Prozess des Problemlösens

- Kinder brauchen Möglichkeiten um ihre Phantasie und ihre Kreativität auszudrücken

- Kinder müssen die Möglichkeit bekommen Vertrauen in ihre Fähigkeiten aufzubauen

- Kinder brauchen Freiräume, um Fragen zu stellen und ihre Vermutungen zu testen

- Kinder profitieren davon, genug Zeit für die Arbeit an einem bestimmten Problem zu haben

- Kinder profitieren davon an komplexen Problemen zu arbeiten, die thematisch an Themen anknüpfen, die für sie interessant sind

- Kinder profitieren von der Unterstützung, die sie durch ihre Eltern oder Betreuungspersonen bekommen, während sie lernen
- Soziale Interaktion ist ein bedeutender Teil der kindlichen Entwicklung
- Kinder profitieren davon zu merken, dass sie stolz auf ihre Fähigkeiten sein können
- Kinder lernen effektiver, wenn sie Zugang zu Aktivitäten haben, die informelles Lernen fördern und so das Lernen in der Schule ergänzen

(vgl. Children´s Museum of Houston 2004)

Vorstellung der Praxis

Dauerausstellungen

Das Museum bietet neun Dauerausstellungen an, die thematisch den drei übergeordneten Bereichen „Science and Technology", „Art, History and Culture" und „Interactive Play Environments" zugeordnet sind.

1. EcoStation: Diese Ausstellung befindet sich im Außenbereich des Museums und bietet Kindern die Möglichkeit ein besseres Verständnis für die Umwelt und die Erhaltung einer gesunden Umwelt zu erwerben.

2. How does it work?: In sechs Bereichen bekommen die Kinder einen Einblick in die Geheimnisse von „science" und „technology". Kinder sollen hier lernen die Dinge aus verschiedenen Perspektiven zu sehen und die Antworten zu ihren Fragen nach dem Wie und Warum zu finden.

3. Tot*Spot: Dieser Bereich ist speziell für Kinder von null bis drei Jahren entwickelt worden und enthält u.a. einen sogenannten Sensory Pool. Hier können Kinder lernen, wie sich verschiedene Materialien wie z.b. Taschentücher, Geschenkpapier, Watte, Zeitungen etc. anfühlen und anhören. Ziele dieses Bereiches sind die Förderung der Sinneswahrnehmungen, die Entwicklung von Ansätzen für kritisches Denken und Problemlösen und die Förderung der Grob- und Feinmotorik. Die sehr einfach gehaltenen Objekte sollen vor allem auch die Eltern anregen ihren Kindern zu Hause ähnliche Lernerfahrungen zu ermöglichen.

4. Farm to Market: In dieser Ausstellung dreht sich alles um die Produktion und den Verkauf von Nahrungsmitteln. Es gibt eine Farm mit Hühnerstall, eine Kuh, die „gemolken" werden kann, und einen Bienenstock. Zusätzlich gibt es einen Minimarkt, in dem Kinder selber zu Käufern und Verkäufern werden können.

5. Yalálag – A Mountain Village in Mexico: Hier erhalten Kinder und ihre Eltern die Möglichkeit eine neue Kultur kennen zu lernen und die Unterschiede und Gleichheiten mit ihrer eigenen Kultur zu entdecken.

6. Think Tank: In diesem Bereich gibt es viele Aktivitäten, wie z. B. optische Illusionen und 3-D Puzzle, die helfen sollen die kreativen, visuellen und analytischen Fähigkeiten zu schulen.

7. Kid-TV Studio: Das Kid-TV Studio zeigt den Kindern, wie eine TV-Sendung produziert wird. Sie können sich durch Rollenspiele und weitere Aktivitäten auch selbst einbringen.

8. Cyber Clubhouse: In diesem Bereich befinden sich neun Computer, die spezielle Software zu den Bereichen Mathematik, Wissenschaft und Literatur enthalten.

9. Bubble Lab: Dieser Bereich ist dem Phänomen der Seifenblase gewidmet.

Temporäre Ausstellungen

Das Children´s Museum of Houston unterscheidet hier zwischen zwei Ausstellungstypen. „Gallery based exhibits" bestehen zu zwei Dritteln aus Ausstellungen, die das Museum selbst konzipiert und zu einem Drittel aus Wanderausstellungen, die mit den Mitgliedern der Youth Museum Exhibit Collaborative (YMEC) erstellt und getauscht werden. Der zweite Ausstellungstyp sind die „Visual art exhibits", die häufig aus Arbeiten von Kindern bestehen, aber teilweise auch Arbeiten von bekannten Kinderbuchautoren und –illustratoren enthalten.

Da das Museum allein im fiskalischen Jahr 2003/2004 zwölf verschiedene temporäre Ausstellungen gezeigt hat, möchte ich im Weiteren nicht näher auf diese Ausstellungen eingehen.

Wanderausstellungen

Viele der im Museum gezeigten Ausstellungen gehen nach Ablauf ihrer Präsentationszeit auf Wanderschaft durch verschiedenste Kindermuseen in den USA. Diese Wanderausstellungen zeigen die Arbeiten des Kindermuseums in Houston und machen es in den USA bekannt. Bisher hat das Museum sechs Wanderausstellungen zu unterschiedlichsten Themen entwickelt.

Räumlichkeiten

Zusätzlich zu den Ausstellungsbereichen befinden sich im Museum noch die „Parent Resource Library", die „John P. McGovern Kids´ Hall", das „Brown Foundation Auditorium", der „Allen Family Courtyard", das „Expression Art Studio", zwei Klassenräume und der „Morgan Family Education Annex".

All diese Räumlichkeiten bieten dem Besucher weitere Wege zum Lernen und Entdecken. Die „Parent Resource Library" bietet den Eltern weitere Informationsmaterialien im Museum an und hat sogenannte „traveling kiosks", die in den Zweigstellen der Houston Library routieren. Die weiteren Räumlichkeiten dienen als Bühne für Theateraufführungen, als Ort, an dem Kinder und ihre Eltern gemeinsam malen und basteln können, als Ort für die weiteren Veranstaltungen des Museums, für Geburtstage und als Treffpunkt für Schulklassen.

„Outreach" Programme

Mit seinen „outreach" Programmen versucht das Museum auch diejenigen Zielgruppen zu erreichen, die es sich sonst nicht leisten können ein Museum zu besuchen. So gibt es z.B. die bereits erwähnten „Free Family Nights", die jeden Donnerstagabend stattfinden und Familien mit geringem Einkommen einladen das Museum zu besuchen ohne Eintritt zahlen zu müssen, die „Adventure After School Tours", an denen Kinder an speziellen Nachmittagsprogrammen teilnehmen können, das „Overnight Adventure Program" für benachteiligte Mädchen im 4. Schuljahr und das „Teen Parent Program" für Mütter im Teenageralter, die an speziellen Eltern-Programmen an ihrer High School teilnehmen.

Weitere Veranstaltungen

Das Museum bietet verschiedenste Vorträge für Eltern zur Erziehung und Entwicklung von Kindern an, sowie ein spezielles Training für Lehrer und Betreuer, die dort lernen, wie sie das informelle Lernen auch in ihren Klassenzimmern anwenden können. Des Weiteren gibt es Führungen durch das Museum für Behinderte, die außerhalb der normalen Öffnungszeiten stattfinden, um einen besseren Schlüssel von Betreuern bieten zu können und „Family and Child Classes", die Eltern helfen sollen zu verstehen, wie sie das Spiel ihrer Kinder nutzen können, um ihre Entwicklung zu fördern.

Das Museum bietet in Kooperation mit Schulen, Büchereien und anderen kommunalen Einrichtungen Programme an, die ihrerseits helfen sollen die Schlüsselqualifikation der Kinder zu fördern und die Eltern in ihrer Rolle als erste Lehrer zu informieren und zu unterstützen.

(vgl. Children´s Museum of Houston 2004)

Schwerpunkte der Museumsarbeit

Das Kindermuseum in Houston ist sehr stark an den Interessen und Bedürfnissen ihrer primären Zielgruppe interessiert, spricht darüber hinaus aber auch die erwachsenen Begleitpersonen an, um die museumspädagogische Praxis auch im alltäglichen Bereich der Familien, soweit dieses möglich ist, zu integrieren und die Familien über die Entwicklungsgeschichte von Kindern aufzuklären, damit diese ihre Kinder besser unterstützen und verstehen können.

Ein weiteres Hauptmerkmal ist die Integration der spanischsprachigen Bevölkerung im Einzugsbereich des Museums. Diese Integration geschieht durch die Ermöglichung eines Besuchs ohne Eintrittskosten und durch die mehrsprachige Beschilderung der einzelnen Ausstellungen sowie durch spanisch sprechende Mitarbeiter. Des Weiteren widmet sich ein ganzer Ausstellungsbereich dem Thema einer Kultur in Mexiko und bietet den Besuchern so die Möglichkeit diese näher kennen zu lernen.

Besonders hervorzuheben ist, meines Erachtens, das sehr umfangreiche Outreach Programm und die Kooperation mit vielen anderen Einrichtungen (vgl. ebd.).

4.2.   Pädagogik der Kinder- und Jugendmuseen in Deutschland

4.2.1.   allgemeine Situation

Wie schon im Kapitel „Entwicklung und Situation der Kinder- und Jugendmuseen in Deutschland" dargestellt, gibt es Kinder- und Jugendmuseen in Deutschland erst seit den 70er Jahren.

Des Weiteren unterscheiden sich die Ursprünge des Museumswesens in den USA und in Deutschland erheblich voneinander. Den Museen generell kommt hierzulande eine ganz andere Aufmerksamkeit und Förderung zu als den Museen in den USA.

In den USA stand die Vermittlung immer schon im Mittelpunkt der Museumsarbeit, während in Deutschland der Schwerpunkt auf dem Sammeln und Forschen liegt (vgl. König 2001).

4.2.2.   Jugend Museum Schöneberg

Das Jugend Museum Schöneberg ist angegliedert an das Schöneberg Museum und bietet seit 1995 Ausstellungen für junge Menschen an. Wie das Schöneberg Museum, befasst sich auch das Jugend Museum mit der aktiven Geschichtsarbeit und der Förderung des Dialogs von Vergangenheit und Gegenwart. Damit gehört es zu den wenigen Kinder- und Jugendmuseen, die vor allem historisch arbeiten (vgl. Jugend Museum Schöneberg o.J.).

Vorstellung der Konzeption

Ziel des Jugend Museums ist es mit historischen Arbeits- und Darstellungsformen zu experimentieren, die um die Frage gruppiert sind, wie es möglich sein könnte, die Gleichgültigkeit gegenüber der gegenständlichen Umwelt, der eigenen Geschichte und der eigenen Zukunft aufzuheben. Um dieses Ziel Jugendlichen näher zu bringen, gibt es verschiedene Angebote wie z.b. Ausstellungen und Projekte, Veranstaltungen und Feste, Stadtführungen, Foren und Treffen. Dabei werden die Grundsätze der Wertschätzung von Spaß und Lust am Entdecken, der Unterstützung beim „Lernen aus Erfahrung", das Angebot künstlerisch-ästhetischer Tätigkeiten im Museum und der Offenheit gegenüber experimentellen Zugangsformen zur Geschichte beachtet.

Im Jahr 2002 hat das Museum begonnen Jugendliche in den organisatorischen Alltag des Museums einzubeziehen. So gibt es z.b. das Angebot des bezahlten „Job-Trainings", welches sich an Jugendliche richtet, die entweder an einem Projekt des Museums teilgenommen oder ein Praktikum im Museum absolviert haben. Um auch die überregionale Resonanz zu fördern bietet das Museum Informationsveranstaltungen und Seminare für angehende Lehrerstudenten oder Erzieher an und stellt Räume für Fachtagungen zur Verfügung.

Besonders wichtig ist dem Museum auch die Partizipation von Kindern und Jugendlichen. Schon das Gebäude wurde vom Jugendausbildungsprojekt „Werkhof Zehlendorf" ausgebaut, aber auch im Vorfeld der Ausstellungsrealisation werden die Jugendlichen über Workshops in die Arbeit eingebunden. Grundsätzlich gibt es „Werkausstellungen", in denen nur Produkte von Kindern und Jugendlichen ausgestellt, und „historische Ausstellungen", die von professionellen Ausstellungsmachern unter Einbeziehung der Anregungen von jungen Menschen umgesetzt werden (vgl. ebd.).

Vorstellung der Praxis

Im Mittelpunk des Jugend Museums steht die Ausstellung „Wunderkammern – Wunderkisten", in der sich das Museum selbst zum Thema macht. In drei Ausstellungsräumen sind 54 übermanngroße gelbe Transportkisten aufgebaut, in denen historische Objekte der Alltagskultur und Stadtgeschichte aus zwei Jahrhunderten arrangiert sind. In jeder der Kisten gibt es einen kurzen, informativen Text über die Geschichte einzelner Objekte.

Ziel dieser Ausstellung ist es, die Vorstellungskraft der Kinder anzuregen und eine Neugierde für das Objekt und seinen ursprünglichen Verwendungszusammenhang zu wecken. Konzeptionell nimmt die Dauerausstellung die Aufgabe des Sammelns zum Thema und stellt einen Bezug zur Idee der fürstlichen Kunst- und Wunderkammern dar.

Für Grundschulen bietet das Museum spezielle Projekttage an, die mit einer Reise in die Zukunft beginnen. Durch den Kontakt mit einer Archivarin aus dem Jahre 2099, die versucht das Rad eines Rollerblade, eine Kassette, eine Barbie und ein Überraschungsei zu katalogisieren und dabei nicht erfolgreich ist, erleben sich die Kinder als Experten und Helfer und begreifen auf Anhieb, worum es in der Ausstellung geht: Was können Dinge über vergangene Zeiten erzählen? Welche Hilfsmittel stehen zur Verfügung und wo werden Experten benötigt? Die Kinder sollen sich für die Dauer des Aufenthaltes als Museumsmitarbeiter fühlen, die historische Fundstücke untersuchen, befragen, historisch einordnen und sie spielerisch in einen historischen Kontext stellen.

Neben dieser Dauerausstellung gibt es regelmäßig Sonderausstellungen zu kulturhistorischen Themen, kulturpädagogische Workshops, Geschichtswerkstätten für Jugendliche zu zeitgeschichtlichen Themen und Stadtführungen (vgl. Jugend Museum Schöneberg o.J.).

Schwerpunkte der Museumsarbeit

Thematischer Schwerpunkt dieses Jugend Museums ist die Geschichte, die besonders Jugendlichen zugänglich gemacht werden soll, was auch im Namen des Museums schon deutlich wird.

Ob die Geschichte nun ein Thema ist, das sich besonders an den Interessen am Großteil der Jugendlichen orientiert, ist fraglich, allerdings haben der Bezug und Zusammenhang von Vergangenheit und Gegenwart gerade in politischen Fragen eine große Bedeutung, denn jede Entscheidung beruht letzten Endes auf den Erfahrungen und Ereignissen der Vergangenheit. Andererseits ist es ja gerade auch ein Ziel des Museums diese Gleichgültigkeit gegenüber der Vergangenheit abzubauen.

Das Museum ist vor allem bei den jüngeren Besuchern bemüht, das Thema Geschichte mit alltäglichen Erfahrungen zu verknüpfen, wie weiter oben beim Besuch einer Grundschulklasse im Museum beschrieben.

Auch die Partizipation hat sich zu einem wichtigen Bestandteil der Konzeption und der Praxis entwickelt, wie unter dem Punkt „Vorstellung der Konzeption" schon beschrieben wurde (vgl. Jugend Museum Schöneberg o.J.).

4.2.3.   Kinderreich des Deutschen Museums

Seit 1990 gibt es eine aktive Museumspädagogik im Deutschen Museum. Diese Arbeit hat gezeigt, dass besonders für die Gruppe der Kinder und Jugendlichen Angebote gemacht werden sollten. Im Februar 2002 entstand das Kinderreich im Deutschen Museum, welches genau wie das Deutsche Museum die Themen Naturwissenschaft und Technik aufgreift (vgl. Anhang H).

Vorstellung der Konzeption

Prämissen des Kinderreichs sind:

- Bezug zum erlebten kindlichen Umfeld
- Konzentration auf grundsätzliche Inhalte
- Erweiterung des Wissens
- Vermittlungsfähigkeit
- Spielerische, unmittelbare Erfahrbarkeit

Zusätzlich hat das Kinderreich besondere Kriterien für das Angebot im Museum erstellt, die einerseits dem universellen wissenschaftlichen Standpunkt genügen müssen, aber andererseits dem Unterschied und der Besonderheit des Klientel Rechnung tragen sollen.

Die Welt der Kinder ist noch klein, denn erst mit der Zeit wird das wahrgenommene und analysierte Umfeld weiter, aber dennoch ist die Beschränktheit der kindlichen Welt im naturwissenschaftlichen Sinne kein Indiz für eine reduzierte Welt, denn alles, was die Welt und den Rest des Universums ausmacht, kommt auch in ihrer Welt vor: Licht, Klang, Schwerkraft, Nacht, Wasser, Wärme, Musik, Sprache, Bewegung...

Das Begreifen ist anfangs ein unmittelbarer, körperbetonter, lustvoller und nicht rationalisierter Prozess, denn Kinder können zunächst weder lesen noch schreiben und haben nur einen begrenzten Wortschatz. Kinder lernen spielend, daher muss die Aktivität im Museum diesen Spieltrieb aufnehmen.

Das Angebot des Kinderreichs ist in fünf Bereiche unterteilt, die ich unter dem Punkt „Vorstellung der Praxis" näher beschreiben werde. Neben diesen Bereichen bietet das Kinderreich teilweise in Kooperation mit dem Deutschen Museum weitere Angebote an. Es gibt spezielle Führungsangebote für Schulklassen, die den Schüler verstärkt dazu motivieren wollen, sich selbsttätig mit den Inhalten der Ausstellungen auseinander zu setzen, Workshops zu verschiedenen Themen und einen Feriencampus, der im Jahr 2003 unter dem Motto „Ran an die Chemie!" stand. Des Weiteren werden Kindergeburtstage angeboten (vgl. Anhang H).

Vorstellung der Praxis

Das Angebot im Kinderreich heißt: „Ich bin ein Wissenschaftler" und ist unterteilt in fünf Bereiche:

1. „Draußen ist die Welt – *Natur, Welt, Wasser*": Hier gibt es u.a. einen Wasserfall, Strömung, Wasserräder, ein Schöpfrad, ein Wehr und die Archimedische Schraube.

2. „stark und schnell – *Kraft, Bewegung, Energie*": In diesem Bereich kann ein Flaschenzug, eine Tretmühle und die Arbeit der Feuerwehr näher betrachtet werden.

3. In der Ausstellung „hell und dunkel – *Licht, Optik, Astronomie*" geht es, wie der Name schon sagt, um das Phänomen des Lichtes.

4. „ich und du – *Kommunikation*": Kommunikation bedeutet hier optische und akustische Kommunikation, Morsen und Mailen, Telefonieren und Botschaften verschicken, sich austauschen und auseinandersetzen.

5. „laut und leise – *Schall, Akustik, Musik*": Die Musikabteilung des Kinderreichs ist im Moment noch im Aufbau. Es gibt aber schon ein Glockenspiel, Rhythmusinstrumente und eine Riesengitarre, in die man reinkrabbeln und die Schwingungen an den Wänden fühlen kann.

Zusätzlich zu diesen Bereichen gibt es noch eine Bibliothek, ein Studienlabor und ein Schiff, auf dem im Sommer Vorführungen und Spiele abgehalten werden (vgl. Anhang H).

Schwerpunkte der Museumsarbeit

Im Kinderreich des Deutschen Museums stehen handlungsorientierte Angebote für die Kinder, die sich selbst als Wissenschaftler begreifen sollen, im Vordergrund. Sie orientieren sich an den fünf oben genannten Kategorien, die der Welt der Kinder entstammen und ihre Bedürfnisse und Interessen ansprechen.

Es ist ein Kinderforum in Planung, das den Kindern und Jugendlichen die Möglichkeit eröffnen soll ihre Ideen und Vorschläge verstärkt einzubringen. Leider ist dies bisher aufgrund der finanziellen Lage noch nicht verwirklicht worden (vgl. Anhang H).

4.2.4. Labyrinth Kindermuseum Berlin

Das Labyrinth Kindermuseum Berlin wurde 1997 in einer ehemaligen Montagehalle für Zündhölzer gegründet und zählt heute mit zu den größten Kindermuseen in Deutschland. Sein inhaltlicher Schwerpunkt liegt seit 2001 auf der gesundheitlichen und sozialen Bildung. Hierbei steht die Förderung der Lebenskompetenz als Leitgedanke im Vordergrund. Förderung der Lebenskompetenz bedeutet Stärkung des Körper- und Selbstwertgefühls, Förderung der Bewegungsentwicklung sowie der Genuss- und Kommunikationsfähigkeit und der Frustrationstoleranz (vgl. Labyrinth Kindermuseum Berlin 2003).

Vorstellung der Konzeption

Der Anspruch des Kindermuseums ist es Kinder darin zu unterstützen, sich ein Stück der Welt zu erschließen und gemeinsam mit anderen Kindern, begleitet von Erwachsenen, mit dem Unbekannten Bekanntschaft zu machen. Es sieht sich selbst als Kultur- und Lernort für Kinder und Familien, der mit der Methode des handlungs- und erfahrungsbezogenen Lernens arbeitet.

Ziele der museumspädagogischen Arbeit sind:

- Außerschulische Bildung mit dem Schwerpunkt sozialer und gesundheitlicher Bildung
- Umsetzung suchtpräventiver Konzepte
- Unterstützung von Kindern bei der Entwicklung von Problemlösestrategien
- Unterstützung der Kinder bei der Lösung von Entwicklungsaufgaben
- Förderung der Sachkompetenz in verschiedenen Themenbereichen
- Förderung sozialer und kommunikativer Kompetenzen

- Stärkung des Selbstwertgefühls
- Förderung des fairen und konstruktiven Umgangs der Kinder untereinander
- Förderung demokratischen Verhaltens
- Förderung der Toleranz gegenüber anderen Kulturen, Weltanschauungen, Einstellungen und Lebensweisen
- Förderung der Kommunikation zwischen den Geschlechtern
- Förderung des gleichberechtigten Umgangs zwischen den Geschlechtern

Besonders wichtig ist dem Museum auch der Umgang der Mitarbeiter mit den Besuchern. Vor jeder Ausstellung gibt es eine Mitarbeiterschulung, um die pädagogische Qualität der Arbeit zu sichern. Des Weiteren gibt es regelmäßige Mitarbeiterbesprechungen, um die Arbeit kontinuierlich zu reflektieren und so die Voraussetzung für eine kritische Weiterentwicklung der pädagogischen Arbeit zu leisten.

Auch die Partizipation der Kinder gehört zum Konzept des Museums. Im Videobereich können Kinder Nachrichten produzieren, die regelmäßig im Kindermuseum zu sehen sind. In Planungswerkstätten erarbeiten Kinder eigene Konzepte zur Umgestaltung des Vorgartens zu einem Spiel- und Bewegungsbereich. Bei speziellen Ausstellungsprojekten werden die Räume gemeinsam mit Kindern gestaltet (vgl. Labyrinth Kindermuseum Berlin 2003).

Vorstellung der Praxis

Neben den wechselnden Erlebnisausstellungen gibt es aber auch permanente Ausstellungsbereiche, wie z.B. einen Raum, in dem Kinder Ruhe und Entspannung finden können und die Krabbelkiste für Kinder von null bis drei Jahren.

Unter dem Titel „Labyrinth macht schlau" gibt es Fortbildungsangebote für Multiplikatoren und Eltern. Die Fortbildungsangebote sind thematisch an das Thema der aktuellen Ausstellung angepasst und sollen Anregungen geben die eigene Praxis anders zu gestalten.

Zusätzlich bietet das Museum mobile Angebote für Schulen, Kindertagesstätten und andere außerschulische Kinder- und Jugendeinrichtungen unter dem Namen „Labyrinth Unterwegs" und Kindergeburtstage an.

Zurzeit findet die Ausstellung „Unterwegs nach Tutmirgut", eine Reise zum eigenen Wohlbefinden, statt, die sich um Themen der gesunden Entwicklung von Mädchen und Jungen dreht. Ziel ist es sich spielerisch mit der eigenen Befindlichkeit auseinander zu setzen und ein Gefühl für positive und negative Körpereinstellungen zu bekommen. Es gibt sechs Bereiche: Bewegung, Erste Hilfe, Ernährung, Lärm/Geräusche, Entspannung und

Gefühle. Zu jedem dieser Bereiche gibt es kostenlose Flyer mit Ideen zum Selbermachen (vgl. Labyrinth Kindermuseum Berlin 2003).

Schwerpunkte der Museumsarbeit

Der Schwerpunkt der sozialen und gesundheitlichen Bildung wird nicht vorrangig an den Interessen und Bedürfnissen der Kinder orientiert sein, denn viele Kinder machen sich über ihre Gesundheit kaum Gedanken. Doch Ziel ist es ein Bewusstsein für den eigenen Körper und die eigene Entwicklung zu schaffen und die Kinder für dieses Thema zu interessieren. Gerade die heutige Entwicklung zum Übergewicht schon bei kleinen Kindern ist ein aktuelles Thema, das eng mit Alltagsgewohnheiten wie langem Fernsehgucken und Computerspielen und ebenso mit der meist eingeschränkten Möglichkeit der Kinder sich in ihrem Wohnumfeld draußen zu bewegen einhergeht. Auch das Labyrinth Kindermuseum legt großen Wert auf die Beteiligung von Kindern und Jugendlichen, auf die ich im Absatz „Vorstellung der Konzeption" schon genauer eingegangen bin.

Ein Ziel des Museums ist es, die Toleranz gegenüber anderen Kulturen, Weltanschauungen, Einstellungen und Lebensweisen zu fördern. Da gerade in Berlin viele verschiedene Kulturen zusammentreffen, ist es wichtig alle Kulturen zu integrieren und die Angst vor dem Unbekannten abzubauen (vgl. ebd.).

4.2.5.   Miraculum MachMit Museum Aurich

Seit 1984 gibt es eine Kunstschule in Aurich, die zur Kreismusikschule gehört. Von Anfang an war die Kunstschule um ein eigenes Profil im außerschulischen Bildungskonzept bemüht. Zehn Jahre später gab es ein eigenständiges Projekt, „Kunst & Co", in dem ein Thema nachvollziehbar, spielerisch und mit allen Sinnen erlebbar gemacht wird. Das Kursprojekt „Im Land der Pharaonen" im Jahre 1997 ist schließlich die Schlüsselerfahrung, die 2001 zur Gründung des MachMit Museums führte (vgl. Anhang I).

Vorstellung der Konzeption

Das Miraculum hat als städtische Einrichtung ein gemeinsames Konzept für die Kunstschule und das MachMit Museum, welches unter dem Motto „lernen und gestalten mit allen Sinnen" steht. Das Museum versteht sich als Lernort für Kinder und Familien, Jugendliche und Erwachsene, in dem man entdecken, experimentieren und Erfahrungen machen kann. Alle Ausstellungen werden in Hinblick auf das „Be-greifen", Mitmachen und

Mitgestalten der Besucher konzipiert. Jedes Jahr gibt es eine neue Ausstellung, die sich aus dem Thema und den Erfahrungen des vorangegangenen Kursprojektes der Kunstschule ergibt. Ein Kursprojekt ist ein Projekt speziell für Sechs- bis Zehnjährige, bei dem an einem nachvollziehbaren und mit allen Sinnen erlebbaren, aufbereiteten Thema gearbeitet wird. Am Ende des Projektes steht eine öffentliche Präsentation der Ergebnisse in Form einer Ausstellung oder Aufführung.

Die praktische Umsetzung und Realisierung des Ausstellungskonzeptes übernehmen Jugendprojektwerkstätten.

In der Kunstschule werden zusätzlich Angebote zur ästhetischen Frühförderung gemacht, wie z.b. das Kinderatelier, die Kunstwerkstatt, das Videoprojekt und eben das Kursprojekt. Ein weiteres Projekt ist die MitMachZeitung, die einmal monatlich als achtseitige Beilage in den „Ostfriesischen Nachrichten" erscheint (vgl. ebd.).

Vorstellung der Praxis

Seit 2001 gibt es alle zehn Monate eine neue Ausstellung. Im Moment läuft eine Ausstellung zum Thema Kommunikation mit dem Titel „Vom Höhlenmenschen ins Internet". Die Ausstellung thematisiert die Verständigung zwischen den Menschen, die Übermittlung von Informationen und die Medien. Man erfährt z.B. wie die Mönche mit Federn geschrieben haben, wie eine Druckpresse funktioniert, wie man Botschaften verschlüsseln kann und was man durch Körpersprache ausdrückt.

In Zusammenhang mit dieser Ausstellung werden von der Kunstschule Workshops für Schulklassen und Kindergartengruppen angeboten, in denen das Thema vorher oder nachher künstlerisch aufbereitet und vertieft werden kann (vgl. ebd.).

Schwerpunkte der Museumsarbeit

Das MachMit Museum in Aurich ist bei seinen Ausstellungen sehr darum bemüht die Interessen und Bedürfnisse der Zielgruppe mit einzubinden und arbeitet deshalb eng mit den Kindern zusammen. Über die Kunstschule wird jährlich ein Kursprojekt angeboten, das die Grundlage für die Ausstellungen schafft. Kinder von sechs bis zehn Jahren haben die Möglichkeit ihre Ideen, Fähigkeiten und Alltagserfahrungen einzubringen und die Ausstellung aktiv mitzugestalten. Für die Ausstellung „Vom Höhlenmenschen ins Internet" wurde sogar ein Film gedreht, in dem Kinder darstellen, wie die ersten bewegten Bilder erfunden wurden.

Das selbstgesteuerte Lernen steht dort im Mittelpunkt und jedes Kind kann sich ganz von seinen Interessen leiten lassen und an jeder Station so lange verweilen, wie es ihm beliebt. Zusätzlich gibt es eine Mitarbeiterin, die Anregungen gibt, Fragen beantwortet und versucht die Kommunikation zwischen Eltern und Kindern und der Kinder untereinander zu fördern (vgl. Anhang I).

4.2.6. Mobiles Kindermuseum Vahrenwald

Das Kindermuseum des Freizeitheims Vahrenwald ist beheimatet in einem alten, zum Ausstellungsraum umgebauten, Bauwagen und besteht seit 1993. Zielgruppe sind die Sechs- bis Zwölfjährigen und Schulklassen. Mit dem Bauwagen ist das Museum in der Lage auch auf Schulhöfen oder Stadtfesten präsent zu sein (vgl. Mobiles Kindermuseum, FEZ Vahrenwald o.J.).

Vorstellung der Konzeption

Kindermuseum heißt für das Mobile Kindermuseum verschiedenes: mobil sein, für und mit Kindern arbeiten, wechselnde Ausstellungen gestalten, sammeln, bauen, Spuren suchen, planen, organisieren, Stadtteilkulturarbeit mal anders, Räume und Dinge vernetzen, Kommunikation und stadtteilübergreifende Kooperation.

Die Idee einen Bauwagen zu nutzen, entstand aus dem Gedanken mobil sein zu wollen. Zunächst war der Bauwagen nur Transportmittel, doch im Laufe der Zeit wurde er zum Ausstellungsraum umgebaut (vgl. ebd.).

Vorstellung der Praxis

Die Praxis des Mobilen Kindermuseums werde ich im Folgenden anhand der Ausstellung „Wasser Wasser Wasser" erläutern.

Die Ausstellung entwickelte sich aus einem vorangegangen Projekt zum Thema Wasser. Angedacht war es diese und andere Ausstellungen „verleihbar" zu machen, allerdings gibt es das Problem der Räumlichkeiten zum Verstauen der Ausstellungen.

Verbunden mit der Ausstellung waren verschiedene Aktionen wie z.B. ein Fototermin mit Kostüm unter der Dusche im Freien oder Experimente mit Gegenständen im Wasser. Dabei wurden Fontänen des Brunnens im Vahrenwalder Park durch Topfdeckel und Schläuche umgeleitet. Des Weiteren gab es Expeditionen und Tagesausflüge zu den Deister-Wasserspielen, zu Tümpeln oder zum Dampferfahren. Mit Hilfe von Untersuchungskästen konnten die Kinder z.B. den pH-Wert, den Sauerstoffgehalt und den Härtegrad von Wasser bestimmen. Es wurden weltweit Wasserproben gesammelt und die Kinder konnten z.B. feststellen, dass das Wasser des Toten Meeres bei Minusgraden nicht gefriert. Ein Höhepunkt der Ausstellung war das Wasserorchester mit dem Plumps- & Platsch Klavier, bei dem durch Klatschen von Gegenständen auf die Wasseroberfläche Geräusche erzeugt werden. Des Weiteren gab es einen Film über das Tauchen mit Peter Lustig und verschiedene Wasch-Gegenstände, die zum Gespräch einladen sollten (vgl. Mobiles Kindermuseum, FEZ Vahrenwald o.J.).

Schwerpunkte der Museumsarbeit

Die Themen der Ausstellungen sind sehr an den Interessen der Kinder und Jugendlichen orientiert und beziehen auch Alltagserfahrungen mit ein. Gerade das Medium Wasser ist im Alltag sehr präsent und für viele Kinder ein interessantes Phänomen.

Lernen durch handlungsorientierte Angebote ist durch die unterschiedlichen Aktionen und Programmpunkte gegeben, allerdings hält sich meiner Meinung nach die Möglichkeit zum selbstgesteuerten Lernen in Grenzen, da die Aktionen fest geplant sind und die Kinder und Jugendlichen dadurch, dass es ein mobiles Museum ist, nicht ihre eigenen Wege beschreiten können (vgl. ebd.).

4.3. Pädagogik der Kinder- und Jugendmuseen weltweit

In den letzten Jahren sind weltweit viele neue Kinder- und Jugendmuseen entstanden.

Die Situation der einzelnen Kinder- und Jugendmuseen ist aber sehr unterschiedlich. Es gibt Kinder- und Jugendmuseen mit langer Tradition, die räumlich und thematisch an große Museen angegliedert sind, wie z.B. das Kindermuseum des Historischen Museums in Frankfurt.

Die zweite Gruppe sind Kindermuseen, die Ende der 80er Jahre, Anfang der 90er Jahre entstanden, wie z.B. das Mobile Kindermuseum Vahrenwald oder die Initiative Kinder- und Jugendmuseum Bonn e.V.. Viele dieser Neugründungen beruhen auf eigenständigen Initiativen und sind nicht an andere Museen gebunden.

Gemeinsam ist ihnen jedoch, dass sie die amerikanischen Kindermuseen zum Vorbild haben, wenngleich sie auf eine eigene Identität achten, die sich an den Bedürfnissen und dem jeweiligen kulturellen Umfeld der Besucher orientieren (vgl. Schreiber 1998, S. 33).

Die Ideen und Methoden, die hinter den Konzepten der Kinder- und Jugendmuseen stehen, wirken sich immer mehr auch auf die traditionellen Museen aus. Viele errichten museumspädagogische Abteilungen oder richten spezielle Abteilungen, Programme und Ausstellungen für Kinder und Jugendliche ein (vgl. Kolb 1983, S.61).

4.4. Eigene Überlegungen zu möglichen Leitkriterien für museumspädagogische Arbeit in Kinder- und Jugendmuseen

Um die im vierten Kapitel beschriebene Praxis der unterschiedlichen Kinder- und Jugendmuseen bewerten zu können, braucht man Kriterien nach denen eine Bewertung erfolgen kann. Aus den Schwerpunkten der beschriebenen Kinder- und Jugendmuseen werde ich einige Kriterien zusammenstellen und mit den, in der Literatur beschriebenen, Aufgaben und Zielen vergleichen.

Zum einen ist die konsequente *Orientierung an den Interessen und Bedürfnissen der Kinder und Jugendlichen* zu nennen, die sich alle Kinder- und Jugendmuseen zum Ziel gesetzt haben. Darunter verstehe ich die altersgemäße Erstellung von Schulprogrammen, Workshops, Führungen etc. und die an die kindlichen Interessen angelehnte Themenwahl. Alle oben beschriebenen Kinder- und Jugendmuseen enthalten diese Orientierung, da sie, wie gesagt, das Grundprinzip und Ziel dieser Museumsgattung ist.

Ein Unterpunkt dieses Kriteriums ist die *Orientierung an Alltagserfahrungen*, die es den Kindern und Jugendlichen erleichtert, ihre neuen Eindrücke und Erfahrungen an bereits vorhandene anzuknüpfen und die dem Ziel der Museen entsprechen, den Kindern und Jugendlichen beim „Begreifen der Welt" zu helfen (vgl. Schreiber 1998, S. 34f). Konkret heißt die Orientierung an Alltagserfahrungen im Mobilen Kindermuseum Vahrenwald z.B. der Umgang mit dem Medium Wasser, welches im Alltag sehr präsent ist (vgl. Mobiles Museums, FEZ Vahrenwald o.J.). Das Arizona Museum for Youth nimmt z.B. gerade aktuelle Themen auf, wie z.B. die olympischen Sommerspiele (vgl. Anhang G).

Ein weiteres Leitkriterium ist die *Beteiligung der Kinder und Jugendlichen* bei der Planung und Gestaltung von Ausstellungen (vgl. Kolb 1983, S. 19). Kindermuseen beanspruchen für sich ein Kulturort zu sein, der Kultur von, mit und für Kinder und Jugendliche macht und dieser Anspruch beinhaltet die Zusammenarbeit mit Kindern und Jugendlichen. Im Phoenix Family Museum gibt es z.b. spezielle Nachmittage, an denen Brainstormings für neue Ausstellungen stattfinden, während sich die Partizipation der Jugendlichen im Jugend Museum Schöneberg auf organisatorischer Ebene befindet.

Da die Museen auch ein Ort für alle Kulturen und unbeachtet des Bildungsstandes sein wollen, ist ein wichtiges Kriterium zu überprüfen, inwiefern sich dieses Ziel in dem angebotenen Programm wiederspiegelt (*Integration*). Das Children's Museum of Houston (2004) legt auf die Integration spanischsprachiger Familien einen Schwerpunkt, der auch die Bemühungen zeigt sich in das soziale Umfeld einzubetten. Möglich wird die Integration durch zweisprachige Beschriftungen und der Berücksichtigung der finanziellen Schwierigkeiten.

Lernen soll Spaß machen ist eine Prämisse, die vieles umfasst. Ich verstehe darunter sowohl das *Lernen durch handlungsorientierte Angebote* als auch ein *selbstgesteuertes Lernen*. Dieser Aspekt wird in der Literatur immer wieder hervorgehoben, wenn es um die Aufgaben der Museumspädagogik geht, und er ist auch in allen Kinder- und Jugendmuseen auf mehr oder weniger ausgeprägte Weise vorhanden. Besonders das spielerische, informelle Lernen wird im Kinderreich des Deutschen Museums als sehr wichtig für die Zielgruppe angesehen (vgl. Anhang H). Im MachMit Museum in Aurich kann jedes Kind sich von seinen Interessen leiten lassen und sich für jede Station die Zeit nehmen, die es braucht. Mitarbeiter unterstützen die Kinder dabei durch Anregungen oder die Beantwortung von Fragen, sofern die Kinder dies selbst möchten (vgl. Anhang I).

Ein letzter, aber dennoch wichtiger Punkt ist die *Kommunikation* im Museum. Damit ist Kommunikation zwischen den Generationen und zwischen Gleichaltrigen gemeint, denn nur durch die Kommunikation, den Austausch mit anderen, festigen sich die gemachten Erfahrungen. Kommunikation spielt im Phoenix Family Museum und auch im Children's Museum of Houston eine große Rolle, da beide Museen davon ausgehen, dass die Kinder während sie lernen, sowohl von der Unterstützung ihrer Eltern bzw. Betreuungspersonen profitieren, als auch von der sozialen Interaktion mit anderen Besuchern, da die Interaktion als bedeutender Teil der kindlichen Entwicklung angesehen wird.

Nach Margret M. Brayton, ehemalige Direktion des „Detroit Children's Museum", sind es Kennzeichen eines Kindermuseums, wenn es

- die Kinder in den Mittelpunkt seiner Bemühungen stellt,
- seine Sammlungen nach den Interessen der Kinder aussucht,
- Ausstellungen nach den kindlichen Bedürfnissen und an den jeweiligen Entwicklungsstand angepasst aufbaut,
- alle Veranstaltungen und Aktivitäten nach kindlichen Interessen und nach den eigenen Vorschlägen der Kinder plant und
- über einen Mitarbeiterstab verfügt, der ihre entwicklungsbedingten Eigenarten kennt und gut mit Kindern auskommt.

(vgl. Kolb 1983, S. 19)

Schon in diesem Kriterienkatalog, welcher 1950 entwickelt wurde, werden viele Parallelen deutlich. Auch hier finden sich die Kriterien *Orientierung an den Interessen und Bedürfnissen der Kinder und Jugendlichen,* Ansätze der *Beteiligung der Kinder und Jugendlichen* und *Lernen durch handlungsorientierte Angebote*, da dies dem Entwicklungsstand der Kinder entspricht.

Viele der im Kapitel „Ziele und Aufgaben" beschriebenen Punkte finden sich in unterschiedlicher Schwerpunktsetzung in der vorgestellten Praxis der Kinder- und Jugendmuseen wieder. Wie stark jedes Kriterium bewertet wird, hängt vor allem von dem jeweiligen sozialen Umfeld der Museen ab. Daher halte ich einen direkten Vergleich und die Bewertung dieser doch sehr unterschiedlichen Formen der Kinder- und Jugendmuseen für nicht sinnvoll.

Impressionen 3

5. Konzeptionelle Entwicklung einer Ausstellung zum Thema „Familie"

Das museumspädagogische Konzept, welches ich hier in aller Kürze zusammenfassen möchte, wurde im Rahmen des Seminars zum Thema „Kindermuseum" von Frau Kahre im Sommersemester 2004 in einer Gruppenarbeit[11] erstellt. Unsere Aufgabe war es ein Konzept für ein fiktives Kinder- und Jugendmuseum zu entwickeln und dieses am Ende des Semesters zu präsentieren. Es standen sechs Themen zur Auswahl und wir entschieden uns für das Thema „Familie". Erwähnt werden sollte an dieser Stelle auch, dass wir keine finanziellen Grenzen zu beachten hatten und uns unabhängig von etwaigen Problemen dem Konzept widmen konnten.

Zusätzlich zum Konzept erstellten wir einen Entwurf für ein Gebäude, welches auf unsere Ausstellung zugeschnitten war. Dieses ermöglichte uns einen besseren Zugang zu dem Thema, da Ausstellungskonzeptionen immer räumlich gebunden sind.

Um einen Einblick in diesen Gebäudeentwurf zu geben, werde ich hier zunächst die Grundrisse vorstellen:

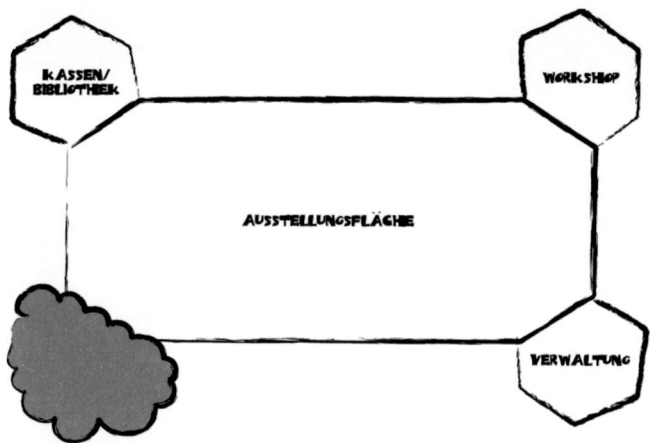

Abbildung 10 – illustriert von Sarah Böse

---

[11] Dieses Konzept wurde von drei Kommilitoninnen (Amelie Bartmann, Sarah Böse, K. Marijke Brodel) in schriftlicher Form ausgearbeitet und wird hier in einer gekürzten, überarbeiteten Fassung wiedergegeben.

Der Hauptbau ist rechteckig und besitzt in allen vier Ecken einen sechseckigen Turm. Insgesamt besitzt das Gebäude drei Ebenen mit jeweils um die 5000 m² Fläche und einen großen Außenbereich, der einen Naturspielplatz, einen Streichelzoo und Grünflächen enthalten soll.

Jede Etage behandelt einen unterschiedlichen Schwerpunkt des Themas „Familie". Im Einzelnen sind das:

- 1. Ebene: Von der Geburt bis zum Tod

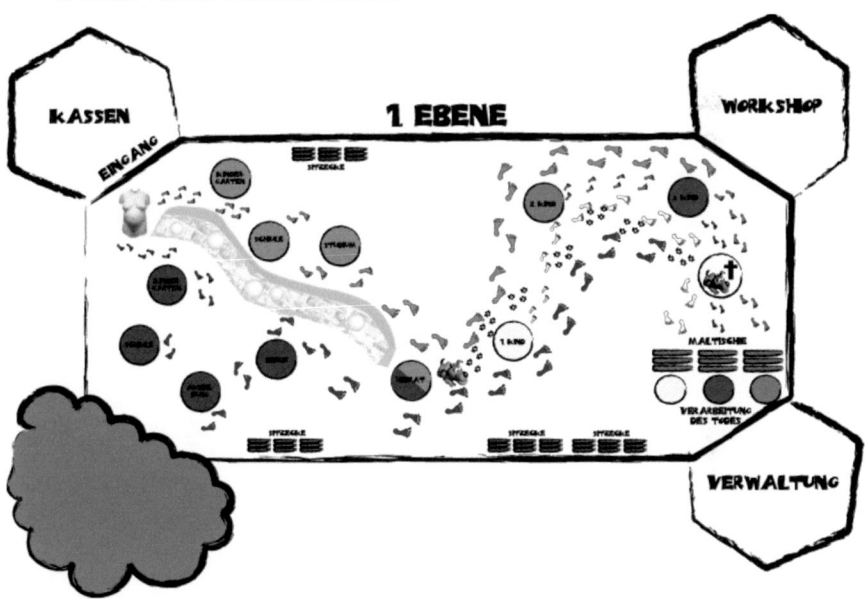

Abbildung 11 – illustriert von Sarah Böse

- 2. Ebene: Familienleben früher und heute

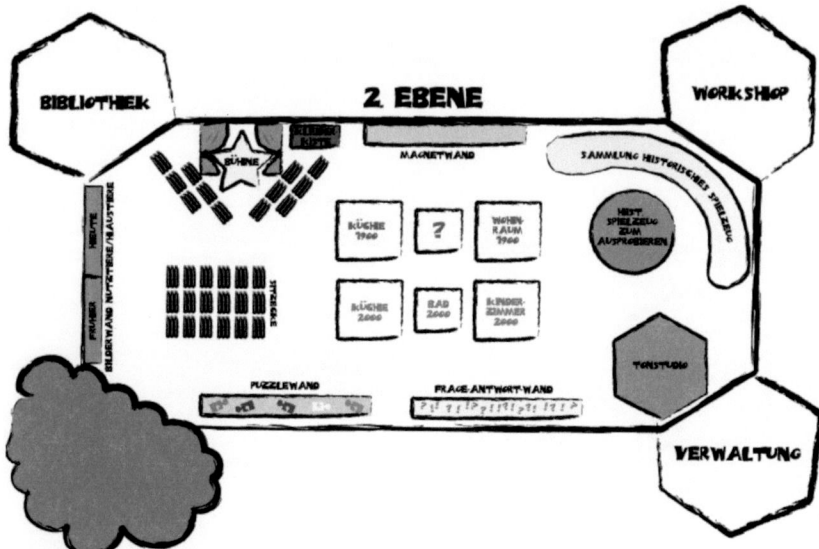

Abbildung 12– illustriert von Sarah Böse

- 3. Ebene: Familienwelten

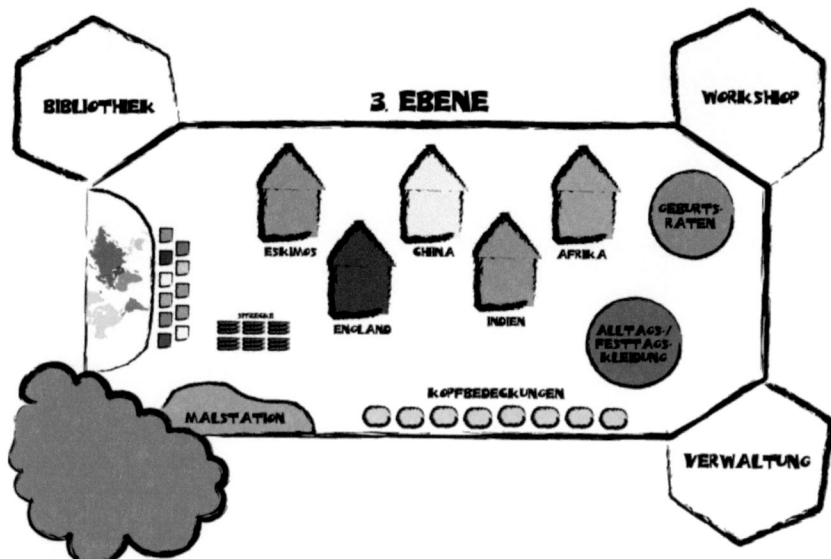

Abbildung 13– illustriert von Sarah Böse

In den Türmen befinden sich verschieden genutzte Räumlichkeiten.

- 1. Turm: Eingang, Kassenbereich, Bibliothek, Gastronomie, Shop

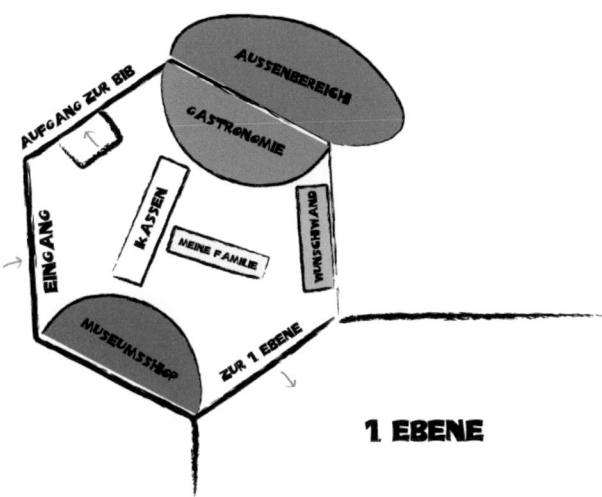

Abbildung 14– illustriert von Sarah Böse

- 2. Turm: Kletterbaum (mit Familienstammbaum)
- 3. Turm: Verwaltung, Materialräume
- 4. Turm: Räume für Workshops

Die Fassade des Museums soll sehr bunt und ansprechend gestaltet werden. Sie soll zusätzlich mit Bildern von Familien und Kindern aller Nationalitäten bemalt werden, um dem Thema des Museums gerecht zu werden. Das Logo soll über dem Eingang hängen.

Abbildung 15– illustriert von Sarah Böse

Wir haben dem fiktiven Museum den Namen „Ohana" gegeben. Dieses Wort ist hawaiia-nisch und bedeutet Familie. Familie bedeutet für uns: „Alle halten zusammen und sind füreinander da."

Da nicht jeder Besucher etwas mit diesem Wort anzufangen weiß, soll das Wort im Ein-gangsbereich für jeden sichtbar noch einmal erläutert werden.

5.1. Konzept

Unsere grundsätzliche Idee war es das sehr umfangreiche Thema in verschiedene Unterbe-reiche zu gliedern, die jeweils aufeinander folgend besucht oder die auch als einzelne Ein-heiten an mehreren Besuchen durchlaufen werden können. Durch die thematische Auftei-lung auf drei Ebenen wurde diese Idee realisiert.

Jede Ebene befasst sich mit einem großen Themenkomplex und besitzt daher eine unter-schiedliche Anzahl von Stationen. Die Aufteilung der Ausstellung in drei Ebenen wurde vorgenommen, um Besucher nicht mit zu vielen Informationen und Themen zu überfor-dern. Es ist möglich sich in unserer Ausstellung mit einem großen Komplex auf einer Ebe-ne zu beschäftigen ohne die anderen Ebenen kennen zu müssen.

Auf der ersten Ebene befinden sich mit 19 Stationen inklusive Sitz- und Bücherecken die meisten Stationen, allerdings werden hier nicht unbedingt alle Stationen durchlaufen, da zwei Lebensverläufe dargestellt werden. Wichtig war uns hier den Lauf des Lebens im Familienzusammenhang darzustellen und dabei auch nur die wichtigsten Stationen zu be-rücksichtigen (Geburt, Entstehung einer Familie, Familienleben, Tod).

Die zweite und dritte Ebene brechen das in der ersten Ebene vermittelte klassische Famili-enbild wieder auf. Hier werden in 17 bzw. zwölf Stationen Erfahrungs- und Lernfelder angeboten, um sich mit den Themen „Familienleben früher und heute" und „Familie inter-national" auseinander zu setzen.

Es gibt aber auch Elemente, die sich in allen Ebenen wiederfinden lassen, wie z.B. die Sitzecken, an denen auch Bilderbücher bzw. Sachbücher zu dem jeweiligen Thema der Ebene oder auch der einzelnen Stationen zu finden sind. Den Familien oder auch den Kin-dern alleine wird so die Möglichkeit geboten sich näher auf das Thema einzulassen und weitere Informationen zu erfahren. Des Weiteren gibt es interaktive Stationen, an denen die Kinder alleine oder mit anderen agieren können. An einigen Stationen ist ein Zusammenschluss von mehreren Kindern nötig, um die Station zu bedienen.

Ein Aspekt, der von uns von Beginn an mitbedacht wurde, ist die Möglichkeit, dass die Kinder sich aktiv an der Ausstellung beteiligen können. Auf der zweiten Ebene können sie z.B. eigene Familiengeschichten oder –anekdoten auf Tonband aufnehmen oder die der anderen Kinder anhören. Eine weitere Option, die Ausstellung zu erweitern und zu verändern, bietet sich auf der dritten Ebene, wo die Kinder ein Bild ihrer (Wunsch-) Familie malen können, welches in der Eingangshalle ausgestellt wird.

Auch die pädagogische Begleitung ist für uns ein wichtiger Punkt gewesen: Die pädagogischen Fachkräfte sollen die Kinder, aber auch die Familien begleiten und unterstützen, indem sie Anregungen zum näheren Betrachten oder Nachdenken über eine Station geben, indem sie Hilfestellung bei Fragen und Unklarheiten leisten und indem sie die Interaktion der Besucher untereinander verbessern sollen.

Sie sollen jedoch nicht die Aufsichtspflicht zur Aufgabe haben, da diese weiterhin bei den Eltern bleibt. Wir halten es für wichtig, dass die Eltern die Ausstellung mit ihren Kindern gemeinsam erleben und Zeit mit ihnen verbringen.

Es soll auch möglich sein Führungen in verschiedenen Fremdsprachen sowie in Gebärdensprache zu erhalten. Des Weiteren soll das Museum behindertengerecht gestaltet sein und z.B. Sonderführungen für Blinde oder Menschen mit anderen Behinderungen anbieten.

Die Kernzielgruppe unseres Museums sind die Sechs- bis Zwölfjährigen, aber theoretisch könnte man die Zielgruppe auch zwischen null und 99 Jahren ansiedeln, da „Familie" gerade in der heutigen Zeit ein aktuelles Thema ist, welches alle Generationen anspricht und für sie interessant ist. Aber auch der Dialog zwischen den Generationen soll durch diese weite Zielgruppenfassung ermöglicht werden.

Zusätzlich zu der dauerhaften Ausstellung soll es halbjährlich wechselnde Sonderausstellungen geben. Geplant sind auch die Konzeption von Wanderausstellungen und mobilen Einheiten, die z.B. von anderen Museen, Schulen oder Jugendzentren ausgeliehen werden können.

Zum Rahmenprogramm gehören außerdem verschiedene Aktionen an den einzelnen Stationen, wie z.B. Erzählungen von Großeltern und Workshops zu ausstellungsnahen Themen.

Dies könnten z.B. Workshops zum Thema „Historisches Kinderspielzeug selber basteln", „Kinderlieder aus aller Welt" oder auch Theaterworkshops sein.

Es wird im Museum in regelmäßigen Abständen Aufführungen und Vorträge geben, die sowohl für Kinder als auch für Erwachsene interessant sind. Außerdem sollen Geburtstags- und Familienfeiern, sowie Mutter-Kind-Gruppen möglich sein, ebenso wie speziell vorbereitete thematische Führungen für Schulklassen und weitere Besuchergruppen.

5.2. Didaktische Überlegungen

Eine der wichtigsten Überlegungen war jene, dass möglichst viele Stationen intuitiv verständlich sein sollen, da unsere Zielgruppe auch Kinder einschließt, die keine oder wenig Lesefähigkeiten haben. Dennoch kann man nicht grundsätzlich auf kurze erklärende oder weiterführende Texte verzichten, da bestimmte Themen bei den älteren Kindern und Erwachsenen Fragen auslösen werden, die über das eigentliche Thema hinausgehen. Zusätzlich bieten wir daher die Möglichkeit der Bücherecken an, die Bücher zu dem jeweiligen Thema der Station enthalten.

An einigen wenigen Stationen lässt es sich jedoch nicht vermeiden zusätzliche Informationen anzubringen. So z.B. auf der zweiten Ebene, auf der sich eine nachgebaute Küche, ein Bad und ein Wohnraum um 1900 und eine Küche, ein Bad und ein Kinderzimmer aus dem Jahre 2000 befinden. Da es um 1900 noch keine Badezimmer wie wir sie heute kennen gab, wird sich in diesem Raum ein großes Fragezeichen befinden. Auch das Fehlen eines Kinderzimmers um 1900 soll durch Fragen wie z.B. „Warum gab es 1900 kein Badezimmer?" und „Wie nutzt man das historische Spielzeug?" erkannt und erklärt werden. (Hier wäre auch denkbar, die Nutzungsmöglichkeiten durch einen kleinen Film oder verschiedene Fotos darzustellen.)

Partizipation der Kinder

Familie ist in der heutigen Zeit ein sehr aktuelles Thema. Es gibt nicht mehr nur die klassische Kernfamilie, sondern viele unterschiedliche Formen von Familienkultur, wie z.B. Patchwork- und Stieffamilien, Homosexuelle Paare mit Kindern und Alleinerziehende. Gerade Kinder lernen in der Schule diese verschiedenen Formen kennen und versuchen sich damit auseinander zu setzen. Sie suchen Orientierungsmöglichkeiten, vor allem da die alternativen Familienformen zunehmen.

Kinder sind zudem von Natur aus sehr neugierig und offen für Neues, sie interessieren sich dafür wie Kinder in anderen Ländern leben und wie es ist ohne bzw. mit Geschwistern aufzuwachsen.

In unserem Museum sollen die Kinder außer der reinen Aufnahme des Dargebotenen auch die Möglichkeit bekommen aktiv mitzuarbeiten. Vor der Eröffnung des Museums könnte das, z.b. durch die Vergabe von Projektaufträgen an Schulklassen zu einzelnen Themen oder durch einen Bilderwettbewerb, geschehen. Verschiedene Schulklassen könnten gebeten werden, sich mit dem Thema zu beschäftigen und eine Ideensammlung anzufertigen, die wir so gut es geht berücksichtigen würden.

In der Ausstellung selbst gibt es eine Wunschwand, an der die Kinder ihre Wünsche hinsichtlich fehlender Themen/Aspekte angeben können. Auch diese werden wir nach Möglichkeit einbauen. Ebenso ermöglichen der Maltisch auf der ersten und dritten Ebene zum Thema „Tod des Haustieres" und „Meine (Wunsch-) Familie" und das Tonstudio den Kindern aktive Partizipation an der Gestaltung der Ausstellung. Die gemalten Bilder werden im Foyer ausgestellt, was Kindern zeigt, dass ihre Kunstwerke einen hohen Stellenwert haben.

Förderung von Kompetenzen

In unserem Museum werden eine ganze Reihe verschiedener Kompetenzen gestärkt bzw. gefördert.

Teamarbeit ist z.B. bei den Puzzeln und Rollenspielen gefragt. Grundsätzlich steht aber die Beschäftigung mit einem Thema aus verschiedenen Gesichtspunkten im Vordergrund. Kreativität, Motorik und logisches Denken werden genauso angesprochen wie die Lese- und Rechtschreibkompetenz und die Verarbeitung und der Umgang mit schwierigen Emotionen.

Sinneserfahrungen sind in unserem Museum an verschiedenen Punkten möglich. So wird z.B. der Tastsinn an der Station Nutz- und Haustiere, im Streichelzoo und im Stammbaum (Baumrinde) angesprochen. Die Station Nutz- und Haustiere auf der zweiten Ebene soll verdeutlichen, dass die Tiere der Familien früher Nutztiere waren, während Tiere heute als Haustiere gehalten werden. Um den Tastsinn an dieser Station anzusprechen, werden die verschiedenen Tiere mit Fell dargestellt. Auch der Streichelzoo, der sich im Außengelände befindet, soll den Kindern die Möglichkeit bieten den Tieren näher zu kommen und hat des Weiteren die Funktion auch Tierfamilien zu beobachten.

Der Stammbaum ist ein Kletterbaum, der sich in einem der Türme befindet und sich über alle drei Etagen erstreckt. Dieser Baum ist einerseits mit Baumrinde verkleidet, andererseits befindet sich der Stammbaum einer Familie innerhalb dieses Kletterbaumes.

An der Weltkarte, beim Herzschlag und im Tonstudio steht der Hörsinn im Vordergrund. Die Weltkarte ist auf einer Wand aufgemalt und mit verschiedenen Lämpchen versehen. Auf dem Boden vor der Weltkarte befinden sich Quadrate, die beim Berühren ein Geräusch erzeugen, das typisch für eine bestimmte Region ist und durch Aufleuchten des Lämpchens zu erkennen ist. Auf dem Quadrat selbst leuchtet beim Berühren eine Schrift auf, die erklärt, welches Geräusch zu hören ist und für welche Region es typisch ist (z.B. Taxihupen in Großstädten).

Der Herzschlag befindet sich direkt im Eingangsbereich zur ersten Ebene. Am Bauch einer Schwangeren kann man den Herzschlag des ungeborenen Babys hören. Diese Station soll den Kindern zeigen, dass die Babys sich im Bauch der Mutter befinden. Gleichzeitig haben wir uns auch dafür entschieden, die Entwicklung des Babys nicht weiter darzustellen, um den Eltern die Freiheit zu lassen, es den Kindern ihrem Alter gemäß zu erklären. An einem Büchertisch werden den Eltern verschiedene Bücher als Hilfestellung geboten.

Der Geruchssinn wird an der Station „Kräuterschrank" und im Streichelzoo genutzt. Im Kräuterschrank der Küche auf der zweiten Ebene werden verschiedene Kräutergerüche durch ein Schubladensystem dargestellt. Zieht das Kind die Schublade ein wenig auf, kann es im ersten Teil den Geruch eines Krauts wahrnehmen und überlegen, ob es diesen Geruch kennt und ihn einordnen kann. Zieht es die Schublade weiter auf, erfährt es in einem zweiten Teil welches Kraut diesen Geruch hat.

Nimmt man die in Kapitel 4.4 genannten Leitkriterien hinzu, kann man sagen, dass sich auch unser Konzept stark an diesen Kriterien orientiert.

Eine grundsätzliche *Orientierung an den Interessen und Bedürfnissen der Kinder und Jugendlichen und an Alltagserfahrungen* ist sehr stark vorhanden, da die behandelten Themen in der heutigen Zeit auch für Kinder und Jugendliche aktuell sind. Viele von ihnen leben in Stief- oder Patchworkfamilien und haben nur noch wenige Geschwister. Es fällt ihnen oftmals schwer sich vorzustellen, dass es in anderen Kulturen nicht üblich ist ein eigenes Kinderzimmer und eigenes Spielzeug zu haben.

Wie weiter oben schon ausführlich erwähnt, soll die *Beteiligung der Kinder und Jugendlichen* ein Schwerpunkt unseres Konzeptes sein.

Soziale und kulturelle *Integration* wollen wir vor allem durch das auf der dritten Ebene behandelte Thema „Familie international" fördern. Auf dieser Ebene ist es möglich die verschiedenen Eigenarten und Lebensweisen der unterschiedlichen Kulturen kennen zu lernen und das, den Kindern und Jugendlichen, Fremde zu thematisieren, um so mehr Toleranz zu fördern und ihnen vor allem die Angst vor dem Fremden zu nehmen. Integration findet aber auch durch die Einbindung älterer Generationen statt, die zusammen mit den Jüngeren ihre Familienvorstellungen und –erlebnisse diskutieren können.

Auch der Name des Museums „Ohana – Das Familienmuseum" lässt erkennen, dass es unser Wunsch ist, Familien eine sinnvolle Freizeitbeschäftigung und dadurch den intensiven Kontakt zwischen den Familienmitgliedern zu ermöglichen. Wir denken, dass „Familie" ein Thema ist, welches generationsübergreifend von Interesse ist und dass die gemachten Erfahrungen der einzelnen Familienmitglieder schon einen großen Pool ergeben, über den man sich anhand und mit Hilfe der Ausstellungsstücke austauschen kann. Hiermit wäre auch das Kriterium *Kommunikation* erfüllt.

Ebenfalls ist der Aspekt des *Lernens durch handlungsorientierte Angebote* und des *selbstgesteuerten Lernens* in unserem Museum gegeben, auch wenn dieser Aspekt in meinen Ausführungen nicht so deutlich zu erkennen ist, da eine ausführlichere Beschreibung der einzelnen Ebenen, und damit der einzelnen Ausstellungsobjekte, den Rahmen dieser Arbeit sprengen würde.

5.3. Mögliche Anwendungszwecke

Diese fiktive theoretische Planung und die Unabhängigkeit von finanziellen Problemen boten natürlich einen anderen Rahmen als dies unter realen Bedingungen möglich gewesen wäre, dennoch sind verschiedene Anwendungszwecke denkbar.

Die Ausstellung und ihr Konzept sind zwar für das von uns entworfene Gebäude konzipiert worden, jedoch ist es möglich einzelne Teilaspekte des Museums in einer kleineren Ausstellung zum Thema Familie zusammenzustellen oder eine mobile Einheit zu entwerfen.

Unter einer mobilen Einheit verstehen wir speziell für den Unterricht entworfenes Material, wie z.B. Fragebögen, Informationsmaterial und Arbeitszettel, Spiel- und Bastelanleitungen und weitere Objekte, die das Thema abbilden.

Angedacht ist es diese mobile Einheit, eventuell auch im Rahmen des im Sommer 2004 entstandenen Vereins „Initiative Bielefelder Kindermuseum e.v.", an Schulen, Jugendeinrichtungen und andere Institutionen zu verleihen bzw. dort mit den Kindern zu einem bestimmten Thema zu arbeiten.

Besonders im Sachunterricht der Grundschulen könnte eine solche Einheit helfen, „den Schülerinnen und Schülern Orientierungen und Hilfen zu geben zum Verständnis, zur Erschließung und Mitgestaltung ihrer Lebenswirklichkeit" wie es in den Lehrplänen für die Grundschule in NRW als Aufgabe des Sachunterrichts benannt wird.
Viele der Themen unseres Museumskonzeptes sind dem Lehrplan angepasst. So beschäftigt sich z.b. der Bereich „Mensch und Gemeinschaft" im Lehrplan mit dem Zusammenleben in der Schule und zu Hause und der Entwicklung vom Säugling zum Schulkind, während der Bereich „Zeit und Kultur" sich mit dem Thema „Früher und Heute" und den Erfahrungen mit vertrauten und fremden Kulturen, Religionen, Bräuchen und Lebensweisen befasst (vgl. Ministerium für Schule, Jugend und Kinder des Landes Nordrhein-Westfalen 2003, S.62f). In diesen Bereichen sehe ich große Ansätze zur Entwicklung einer mobilen Einheit.

Die folgenden zu erlernenden Fähigkeiten und Fertigkeiten mit denen ein Zugang zu dem Lernmaterial hergestellt werden kann, stehen im Sachunterricht der Grundschule im Vordergrund und lassen sich durch eine mobile Einheit sehr gut erfüllen, da in den Lehrplänen (2003, S. 57) ebenfalls der Bezug zur Lebenswirklichkeit der Kinder und eine handelnde Auseinandersetzung mit dem Thema gefordert werden:

- „Bewusstes Wahrnehmen, Beobachten, Beschreiben, Bestimmen, Untersuchen, Auswerten und Dokumentieren von Phänomenen

- Fragen stellen, Probleme erkennen, Vermutungen und Lösungsmöglichkeiten entwickeln und Argumentieren lernen

- Planen und Herstellen von Gegenständen

- Planen, Durchführen und Auswerten von Experimenten

- Beschaffen, Verarbeiten, Präsentieren von Informationen

- Befragen von Expertinnen und Experten

- Nutzen von Darstellungsformen wie Tabellen, Zeichnungen, Grafiken, Plänen und Karten

- Arbeiten mit Quellen

- Erörtern und Bewerten von Ergebnissen

- Verantwortliches Handeln innerhalb einer Gemeinschaft."

(vgl. Ministerium für Schule, Jugend und Kinder des Landes Nordrhein-Westfalen 2003, S. 55)

Auch die Öffnung für und die Zusammenarbeit mit außerschulischen Lernorten wird in den Lehrplänen (2003, S. 58) explizit benannt, so dass die mobile Einheit ein Bindungsglied zwischen Kinder- und Jugendmuseum und Schule sein könnte.

Nicht nur im Rahmen des Unterrichts wäre der Einsatz einer mobilen Einheit ausführbar. Auch im Rahmen der nachmittäglichen Freizeitbeschäftigung als Thema einer AG (Arbeitsgruppe), kann eine mobile Einheit genutzt werden. Zurzeit überlegen viele Schulen ganztägig geöffnet zu bleiben, um ihre Schüler nicht nur länger zu betreuen, sondern um ihnen auch ein lebendiges und kreatives Bildungsangebot zu machen. Zu diesem Zweck brauchen die Schulen Kooperationspartner, und die Kooperation mit dem Kindermuseum wäre in diesem Setting denkbar.

Mit den mobilen Einheiten wird es möglich bestimmte Themen mit Kindern und Jugendlichen zu vertiefen und das Museum in die Schulen und andere Institutionen zu bringen. So könnten auch für das Museum selbst neue Zielgruppen gewonnen werden.

Impressionen 4

6. Schlussbemerkungen

Viele der in dieser Diplomarbeit genannten Teilaspekte haben genug Potenzial, um eine gesonderte Diplomarbeit nur zu diesem Thema zu entwerfen und es ist mir nicht leicht gefallen alle Themen so kurz zusammen zu fassen und mich nicht ausführlicher mit ihnen zu beschäftigen. Da es jedoch das Ziel dieser Arbeit war einen Überblick über das Feld der Kinder- und Jugendmuseen, ihrer Entwicklung und ihrer Praxis zu geben, hätte die ausführlichere Beschäftigung mit den einzelnen Unterthemen den Rahmen dieser Arbeit gesprengt.

Zum Abschluss meiner Arbeit werde ich zusammenfassend die Bedeutung der Kinder- und Jugendmuseen in der heutigen Zeit beschreiben und auf meine persönlichen Erfahrungen eingehen.

Bedeutung der Kinder- und Jugendmuseen in der heutigen Zeit

Heutzutage haben die Kinder- und Jugendmuseen meiner Meinung nach eine sehr große Bedeutung. Sie gliedern sich als außerschulischer Lernort ein, der sehr darum bemüht ist mit Schulen zusammen zu arbeiten und diese zu ergänzen.

Besonders nach den Ergebnissen der PISA-Studie erscheint eine engere Kooperation zwischen Kinder- und Jugendmuseen und Schulen notwendig zu sein. Meiner Meinung nach sollten die Schulen verstärkt auf die vorbereiteten Materialien der Kinder- und Jugendmuseen zurückgreifen, um den Kindern und Jugendlichen die Möglichkeit des handlungsorientierten Lernens zu bieten, welches in den Schulen selbst leider noch nicht in dem Maße geboten wird, wie es sinnvoll wäre.

Die teilweise speziell für die Schulen entwickelten Materialien regen ein Lernen mit allen Sinnen an und sind darauf ausgelegt die Schüler und Schülerinnen zu eigenständigem Fragen, Handeln und Problemlösen zu bewegen.

Da die vorbereiteten Materialien häufig fachübergreifend aufgebaut sind, bieten die Kinder- und Jugendmuseen den Schulen ebenfalls die Möglichkeit ihren Unterricht interdisziplinär aufzubauen und den Schülern und Schülerinnen Zusammenhänge zwischen den einzelnen Unterrichtsfächern aufzuzeigen.

Sowohl die Handlungsorientierung als auch die Interdisziplinarität helfen meines Erachtens Schülerinnen und Schülern dabei, den Lernstoff als notwendig und sinnvoll zu erachten und ihn als aus ihrer Lebenswelt entstammend zu erkennen.

Die Kinder- und Jugendmuseen sind aber nicht nur auf die Schulen ausgerichtet, sondern versuchen auch weitere außerschulische Zielgruppen zu erreichen. Sie wollen eine sinnvolle Freizeitbeschäftigung anbieten, durch die die Familien Zeit miteinander verbringen können und die zu Fragen und einer weiteren Beschäftigung mit dem Thema der jeweiligen Ausstellung oder einem speziellen Aspekt dieser anregen soll.

Auch mit Blick auf die derzeitige Situation in vielen Familien, in denen beide Elternteile arbeiten und die Kinder so relativ früh viel Zeit in professionellen Einrichtungen verbringen und weniger Zeit mit ihren Eltern, bietet das Kinder- und Jugendmuseum eine sinnvolle Möglichkeit gemeinsam Zeit zu verbringen und sich auszutauschen. Dies ist z.B. bei Themen, die frühere Lebenshaltungen und Lebensweisen darstellen, gegeben, da diese die Eltern an ihre eigene Kindheit erinnern, von der sie dann ihren Kindern erzählen.

Ein weiterer wichtiger Aspekt ist auch der Umgang der Kinder und Jugendlichen untereinander. In Kinder- und Jugendmuseen gibt es immer auch Stationen und Experimente, die nur mit mehreren Personen durchgeführt werden können. Die Kinder und Jugendlichen werden so angeregt den Kontakt zu anderen zu suchen und zusammen zu einer Lösung zu finden. Diese Hinführung zu einem sozialen Umgang miteinander und zur Teamarbeit ist eine der so häufig geforderten Schlüsselqualifikationen, die auch die Kinder- und Jugendmuseen fördern wollen.

Persönliche Erfahrungen

Bei meinen Besuchen in den verschiedenen Kinder- und Jugendmuseen und Science Centern hier in Deutschland und in den USA ist mir vor allem die Vielfalt, in der diese vertreten sind, aufgefallen. Es gibt Kinder- und Jugendmuseen, die genau wie die traditionellen Museen mit Originalen und authentischen Replikationen arbeiten und es gibt diejenigen, die viel Wert auf bunte, leicht zu ersetzende Ausstellungsobjekte legen. Die Spanne der Museen reicht von sehr großen Kinder- und Jugendmuseen mit eigenen Gebäuden, die sich über mehrere Etagen erstrecken und oft auch einen Außenbereich haben bis zu kleineren mit teilweise wenigen Räumen arbeitenden Kinder- und Jugendmuseen und Initiativen.

Gerade diese Bandbreite, zu der ich ebenfalls die große Themenvielfalt zähle, macht diese Museumsgattung aber auch so interessant und faszinierend.

Bei der Konzeption des „Ohana", die im Kapitel fünf beschrieben ist, standen wir vor dem Problem die Ausstellung sehr groß anzulegen, um möglichst das komplette Themengebiet in all seinen Facetten abzudecken oder uns auf einige wenige Aspekte zu beschränken und auf diese aber sehr ausführlich einzugehen.

Gerade diese Überlegung und die Anzahl an möglichen Lösungen führen unmittelbar zu den unterschiedlichen Formen der Kinder- und Jugendmuseen.

Auch bei der Arbeit für den weiter oben schon erwähnten Verein „Initiative Bielefelder Kindermuseum e.V." müssen wir diese Frage noch klären, wenn es zur Entscheidung für ein Gebäude und eine Dauerausstellung kommt.

Die Entwicklung in den letzten Jahren in Deutschland hat gezeigt, dass ein großer Bedarf an Kinder- und Jugendmuseen besteht, der besonders von den pädagogischen Fakultäten der Universitäten getragen und angestoßen werden kann und sollte. Ebenfalls aus diesen Fakultäten kann eine wissenschaftliche Begleitung sichergestellt werden, um die Methoden der Museen zu evaluieren, zu verbessern und an das jeweilige Umfeld anzupassen. Dafür gibt es in den Universitäten viele Initiativen, aus denen z.B. auch der Verein „Initiative Bielefelder Kindermuseum e.V." entstanden ist.

7. Literaturverzeichnis

- Baukhage, Manon: P.M.-Guide: Die spannendsten Museen. In: P.M. Magazin, 2004, 7, S. 68-77

- Baukhage, Manon: P.M.-Guide: Die spannendsten Museen. In: P.M. Magazin, 2004, 8, S. 80-84

- Baukhage, Manon: P.M.-Guide: Die spannendsten Museen. In: P.M. Magazin, 2004, 9, S. 62-68

- Baukhage, Manon: P.M.-Guide: Die spannendsten Museen. In: P.M. Magazin, 2004, 10, S. 58-64

- Billmann, Hans-Joachim: Multimedia in Museen. Neue Formen der Präsentation – neue Aufgaben der Museumspädagogik. engram AG: Bremen, 2000

- Bochning, Hannelore: fjutscha. Nix bleibt, wie's ist. 1. Kinder- und Jugendmuseum. Ein Kinder- und Jugendkulturprojekt der Stadt Ulm zum Thema „Zukunft". LKD-Verlag: Unna, 1997

- Buchczik, Marie-Louise/Sinclair, Dianne: Kaleidoskop. Das Werkstattmuseum für Kinder in Frankfurt a.M. Fachhochschule, Fachbereich Sozialarbeit: Frankfurt a.M., 1991

- Children's Museum of Houston: Organizational Profile. Houston, 2004

- Das Museumsmagazin. Menschen, Schatzkammern, Geschichten, 2004

- Deffke, Michael: Museum zum Anfassen: laut, bunt und erfolgreich. Die amerikanische Kindermuseumsbewegung. In: PÄD Forum, 10, 1997, 4, S. 380-386

- Dewey, John: Psychologische Grundfragen der Erziehung. Der Mensch und sein Verhalten. Erfahrung und Erziehung. Ernst Reinhardt Verlag: München, 1974, S. 247-296

- Dietrich, Ingrid (Hrsg.): Handbuch Freinet-Pädagogik. Beltz Verlag: Weinheim und Basel, 1995

- Fachtagung des Bundesverbandes Deutscher Kinder- und Jugendmuseen e.V.: Didaktik im Kindermuseum. Wie kann der Anspruch, Kinder und Jugendliche im Kindermuseum partizipieren zu lassen, erfolgreich umgesetzt werden? Schmitten-Arnoldshain/Taunus, 2000

- Fast, Kirstin (Hrsg.): Handbuch museumspädagogischer Ansätze. Leske + Budrich: Opladen, 1995

- Fiessner, Lutz: Wie war das noch…? Laborakademie c/o PHÄNOMENTA, Flensburg, 1998

- Gardner, Howard: Der ungeschulte Kopf. Wie Kinder denken. Klett Cotta: Stuttgart, 1993

- Grape-Albers, Heide: Felix strickt und Katrin kickt. Rheinland-Verlag GmbH: Köln, 1979

- Grasskamp, Walter: Museumsgründer und Museumsstürmer. Zur Sozialgeschichte des Kunstmuseums. Verlag C.H. Beck: München, 1972

- Hense, Heidi: Das Museum als gesellschaftlicher Lernort. Aspekte einer pädagogischen Neubestimmung. Brandes & Apsel: Frankfurt a. M., 1990, S. 14-23, 70-167

- Herles, Dieter: Das Museum und die Dinge. Campus Verlag: Frankfurt a. M., 1996

- Hierdeis, Helmwart/Schartz (Hrsg.): Mit den Sinnen begreifen. 10 Anregungen zu einer erfahrungsorientierten Pädagogik. Österreichischer StudienVerlag: Innsbruck, 1992, S. 70-96

- http://www.atlantis-kindermuseum.de [Stand: 11. November 2004]

- http://aks-info.bei.t-online.de/leit.html [Stand: 24. Oktober 2004]

- http://de.wikipedia.org/wiki/Kindermuseum [Stand: 11. November 2004]

- http://de.wikipedia.org/wiki/Learning_by_Doing [Stand: 11. November 2004]

- http://de.wikipedia.org/wiki/Science_Center [Stand: 11. November 2004]

- http://www.discoverymuseum.net/about_1.html [Stand: 10. Februar 2006]

- http://en.wikipedia.org/wiki/Image:John_Dewey.jpg [Stand: 24. Oktober 2004]

- http://kindermuseum.frankfurt.de/index.htm [Stand 6. November 2004]

- http://www.childrensmuseum.org [Stand 08. Februar 2005]

- http://www.ed.psu.edu/insys/ESD/Gardner/menu.html [Stand: 24. Oktober 2004]

- http://www.erfahrungsfeld.de [Stand 20. August 2004]

- http://www.kinderschutzbund-siegen.de/aktion/museen/museen.html [Stand: 16. Oktober 2004]

- http://www.montessori.de [Stand: 23.Oktober 2004]

- http://www.mpib-berlin.mpg.de/pisa [Stand: 15.Oktober 2002]

- http://www.phoenixfamilymuseum.org [Stand: 11. November 2004]

- http://www.stangl-taller.at/ARBEITSBLAETTER/KOGNITIVEENTWICKLUNG/default.shtml [Stand: 24. Oktober 2004]

- http://www.uni-leipzig.de/~angl/kuekelhaus/leben2.htm [Stand 21. August 2004]
- http://www.uni-leipzig.de/~angl/kuekelhaus/werwar3.htm [Stand 21. August 2004]
- http://www.walkerart.org/calendar/9901/images/0124talk01.html [Stand: 24. Oktober 2004]
- Infodienst Kulturpädagogische Nachrichten, 1996, Nr. 40
- Initiative Kinder- und Jugendmuseum Bonn e.V.: Thesenpapier zur Zukunftskonferenz „Kommunale Jugendhilfe in Bonn: Quo Vadis?", 2001, siehe Anhang B
- Jacobs, Hans C.: Museumskonzeptionen. Ein praxisbezogener Leitfaden für kleine Museen. Schibri-Verlag: Berlin, 1995, S. 7-17, 45-65, 73-75
- Jugend Museum Schöneberg: Jugend Museum Schöneberg. Konzeption, Ziele, Aktivitäten. Berlin, o.J.
- Junges Museum Speyer: Das Junge Museum im Historischen Museum der Pfalz Speyer. Speyer, o.J.
- Koch, Friedrich: Der Aufbruch der Pädagogik. Rotbuch Verlag: Hamburg, 2000, S. 37-68, 145-162
- Kolb, Peter Leo: Das Kindermuseum in den USA. Tatsachen, Deutungen und Vermittlungsmethoden. Ein Beitrag zur vergleichenden Museumspädagogik. Haag und Herchen: Frankfurt 1983
- König, Gabriele: "Kindermuseen sind keine überdachten Abenteuerspielplätze". 2001 [online] URL: http://bildungplus.forum-bildung.de/templates/imfokus_print.php?artid=54 [Stand 21. Januar 2004]
- König, Gabriele: Kinder- und Jugendmuseen. Genese und Entwicklung einer Museumsgattung. Impulse für besucherorientierte Museumskonzepte. Leske + Budrich: Opladen, 2002
- Köster, Elisabeth Agnes Ilse: Museumspädagogik. Versuch einer Standortbestimmung. Haag + Herchen Verlag: Frankfurt a.M., 1983
- Krenzer, Richard Ph.: Erziehungsdenken in den Vereinigten Staaten von Amerika. Zur Geschichte der Pädagogik in den USA von deren Unabhängigkeit an bis hin zu John Dewey. Verlag Peter Lang GmbH: Frankfurt a.M., 1984, S. 133-145
- Kükelhaus, Hugo/zur Lippe, Rudolf: Entfaltung der Sinne. Ein „Erfahrungsfeld" zur Bewegung und Besinnung. Fischer Taschenbuch Verlag: Frankfurt a.M., 1982
- Kükelhaus, Hugo: Fassen, Fühlen, Bilden. Organerfahrungen im Umgang mit Phänomenen. Gaia Verlag: Köln, 1975
- Labyrinth Kindermuseum Berlin: Konzeption. Berlin, 2003

- Laske, Katja: Der Einstieg über die Sinne. In: Hierdeis, Helmwart/Schartz (Hrsg.): Mit den Sinnen begreifen. 10 Anregungen zu einer erfahrungsorientierten Pädagogik. Österreichischer StudienVerlag: Innsbruck, 1992, S. 88-96

- Leonard, Yvonne/Schmidt-Thomsen, Helga (Hrsg.): Kinder ins Spiel bringen. Braucht Berlin ein Museum für Kinder und Jugendliche? Neues Universum: Berlin, 1991

- Liebich, Haimo/Zacharias (Hrsg.): Vom Umgang mit Dingen. Auf dem Weg zum Kinder- und Jugendmuseum. Ein Reader zur Museumspädagogik heute. Pädagogische Aktion e.V.: München, 1987

- Liebich, Haimo: Konzept für ein Münchener Kinder- und Jugendmuseum. In: Fast, Kirstin (Hrsg.): Handbuch museumspädagogischer Ansätze. Leske + Budrich: Opladen, 1995, S. 145-164

- Lotz, Dieter: Sinne erfahren und entfalten. In: Mara Dittmann (Hrsg.): Entfaltung aller Sinne. Projektbuch für den Kindergarten. Weinheim 1997 [online] URL: http://www.heilpaedagogik-lotz.de/Text9.htm [Stand: 24. Oktober 2004]

- Meyer-Barner, Tanja: Museumspädagogik in nationalen und internationalen Kindermuseen und museumspädagogischen Einrichtungen – Anregungen für das Historische Museum Bielefeld. Diplomarbeit, 1995

- Miller, Patricia H.: Theorien der Entwicklungspsychologie. Spektrum Verlag: Heidelberg, 1993, S. 53-82

- Ministerium für Schule, Jugend und Kinder des Landes Nordrhein-Westfalen (Hrsg.): Richtlinien und Lehrpläne zur Erprobung für die Grundschule in Nordrhein-Westfalen. Ritterbach Verlag: Frechen, 2003

- Mobiles Kindermuseum, FEZ Vahrenwald: Freizeitheim Vahrenwald Hannover, Mobiles Kindermuseum 1993-2003. Hannover, o.J.

- Müller, Wolfgang (Hrsg.): Maria Montessori. Rowohlt Taschenbuch Verlag: Reinbek bei Hamburg, 2000

- Museumspädagogisches Zentrum München: Gedanken zu einem Kinder- und Jugendmuseum. Ein Beitrag des Museumspädagogischen Zentrums (MPZ) München. MPZ: München, 1986

- Oerter, Rolf/Montade, Leo (Hrsg.): Entwicklungspsychologie. Beltz Verlag: Weihnheim, 2002

- Opaschowski, Horst W.: Methoden der Animation. Praxisbeispiele. Verlag Julius Klinkhardt: Bad Heilbrunn, 1981

- Pomian, Krzysztof: Der Ursprung des Museums. Vom Sammeln. Wagenbach: Berlin, 1998

- Popp, Michael: Ein neuer, spannender Kulturort: Das Kindermuseum. In: Kulturpolitische Mitteilungen, 2004, Nr. 104, S.68f

- Popp, Michael: hands on! Kindermuseen in den USA-Einrichtungen und Initiativen in Deutschland. Popp & Partner: Nürnberg, 1993

- Popp, Michael: Was haben Kindermuseen mit den Ergebnissen der "Pisa - Studie" zu tun? 2002 [online] URL: http://www.bv-kindermuseum.de/PISA.htm [Stand 16. Oktober 2004]

- Reuter-Rautenberg, Anne: Ein Kindermuseum in einer Gemäldegalerie. In: Liebich, Haimo/Zacharias (Hrsg.): Vom Umgang mit Dingen. Auf dem Weg zum Kinder- und Jugendmuseum. Ein Reader zur Museumspädagogik heute. Pädagogische Aktion e.V.: München, 1987, S. 66-68

- Schreiber, Ursula: Kindermuseen in Deutschland. Grundlagen, Konzepte, Praxisformen. LKD-Verlag: Unna, 1998

- Schuck-Wersing, Petra/Wersig, Gernot: Die Lust am Schauen oder Müssen Museen langweilig sein? Plädoyer für eine neue Sehkultur. Gebr. Mann Verlag: Berlin, 1986

- Staudte, Adelheid: Warum brauchen wir heute Kinder- und Jugendmuseen? In: Liebich, Haimo/Zacharias (Hrsg.): Vom Umgang mit Dingen. Auf dem Weg zum Kinder- und Jugendmuseum. Ein Reader zur Museumspädagogik heute. Pädagogische Aktion e.V.: München, 1987, S. 32-33

- Steiner, Kate: A guide to developing exhibitions. [online] URL: http://www.people.freenet.de/afeb/Material4.html [Stand: 20. Oktober 2004]

- Von Freymann, Thelma (Hrsg.):Am Beispiel erklärt. Aufgaben und Wege der Museumspädagogik. Olms Verlag: Hildesheim, 1988

- Weschenfelder, Klaus/Zacharias, Wolfgang: Handbuch Museumspädagogik. Orientierungen und Methoden für die Praxis. Pädagogischer Verlag Schwann: Düsseldorf, 1981

- Wolffhardt, Barbara: Kinder entdecken das Museum. Betrachten und Selbermachen. Kösel-Verlag: München, 1983

- Worm, Nel: Kinder- und Jugendmuseum: Ein neues Konzept in der Jugendhilfe?! LKD-Verlag: Unna, 1998

- Zeiher, Helga: Kinderalltag in der Großstadt. In: Leonard, Yvonne/Schmidt-Thomsen, Helga (Hrsg.): Kinder ins Spiel bringen. Braucht Berlin ein Museum für Kinder und Jugendliche? Neues Universum: Berlin, 1991, S. 9-15

8.   Danksagungen

Hiermit bedanke ich mich bei allen Museen und Initiativen, die mir Materialien und Informationen zugeschickt haben. Nur diesem Engagement habe ich es zu verdanken, einen solchen, weit gefächerten Über- und Einblick in die Praxis der Kindermuseen und der Museumspädagogik bekommen zu haben.

Liste der kooperativen Museen und Initiativen:

Kindermuseen in Deutschland	
Museum unterwegs Meißen e.V. Baderberg 10 01662 Meißen http://www.hands-on-museum-meissen.de	Initiative Kinder- und Jugendmuseum Bonn e.V. Gallierweg 59 53117 Bonn
Kindermuseum des Historischen Museums Saalgasse 19 60311 Frankfurt http://www.kindermuseum.frankfurt.de	Gustav-Lübcke Museum Hamm Neue Bahnhofsstraße 9 59065 Hamm http://www.hamm.de/gustav-luebcke-museum.de
Kindermuseum KLIPP KLAPP Herrenstr. 9 59302 Oelde http://www.kindermuseum-klipp-klapp.de	Zinnober e.V. Bischofsholer Damm 78 30173 Hannover http://www.kindermuseum-hannover.de
das junge Museum Blumenstr. 12-14 46236 Bottrop	Junges Museum Speyer im Historischen Museum der Pfalz Domplatz 67324 Speyer http://www.museum.speyer.de

Atlantis Philosophenweg 23-25 47051 Duisburg http://www.atlantis-kindermuseum.de	Universum Science Center Bremen Wienerstr. 2 28359 Bremen http://www.universum-bremen.de
Westfälisches Freilichtmuseum Detmold Krummes Haus 32760 Detmold http://www.lwl.org/freilichtmuseum_detmold	Westfälisches Freilichtmuseum Hagen Mäckinger Bach 58091 Hagen http://www.freilichtmuseum-hagen.de
Westfälisches Museum für Archäologie Europaplatz 1 44623 Herne http://www.landesmuseum-herne.de	Phänomenta Lüdenscheid Gustav-Adolf-Str. 9-11 58507 Lüdenscheid http://www.phaenomenta.de
Mobiles Kindermuseum FZH Vahrenwald Vahrenwalder Str. 92 30165 Hannover http://www.nananet.de/kinderkultur/Seiten/M useum/MMobiles.htm	Jugend Museum Schöneberg Hauptstr. 40-42 10827 Berlin
Das Kinderreich des Deutschen Museums Museumsinsel 1 80538 München http://www.deutsches-museum.de	MachMitMuseum Aurich Burgstr. 25 26603 Aurich http://www.miraculum-aurich.de
Labyrinth Kindermuseum Berlin gGmbH Osloer Str. 12 13359 Berlin http://www.kindermuseum-labyrinth.de	Mobiles Musik Museum Meineckestr. 45 40474 Düsseldorf http://www.musikaktion.de

Kindermuseen in den USA	
The Children's Museum of Houston 1500 Binz Houston, TX 77004 http://www.cmhouston.org	Omaha Children's Museum 500 South 20th Street Omaha, NE 68102 http://www.ocm.org
Young at Art Children's Museum 11584 West State Road 84 Davie, FL 33325 http://www.youngatartmuseum.org	Virginia Discovery Museum East End of the Downtown Mall PO Box 1128 Charlottsville, VA 22902 http://www.vadm.org
Children´s Museum of Montana 22 Railroad Square Great Falls, MT 59401 http://www.childrensmuseumofmt.org	Chicago Children´s Museum 700 East Grand Ave, Suite 127 Chicago, IL 60611 http://www.chichildrensmuseum.org
The Children's Museum of Indianapolis 3000 N Meridian Street Indianapolis, IN 46208 http://www.childrensmuseum.org	Bootheel Youth Museum 700 A North Douglass PO Box 182 Malden, MO 63863 http://www.bootheelyouthmuseum.org
Escondido Children's Museum 380 North Escondido Blvd Escondido, CA 92025 http://www.escondidochildrensmuseum.org	Arizona Museum for Youth 35 North Robson Street Mesa Arizona 85201-7326 http://www.cityofmesa.org
Phoenix Family Museum P.O. Box 2439 Phoenix, AZ 85002-2439 http://www.phoenixfamilymuseum.org	

Kindermuseen weltweit	
Canadian Children's Museum 100 Laurier Street Gatineau, Quebec J8X 4H2 Canada http://www.civilization.ca	The Children´s Museum GPO Box 666 E Melbourne 3001 Victoria, Australia http://melbourne.museum.vic.gov.au/exhibitions/ gallery_children.asp
Papalote Museo del Niño Av. Constituyentes N. 268 11111 México D.F http://www.papalote.org.mx	

9. Anhang

Anhang A: Questionnaire / Fragebogen

Anhang B: Thesenpapier zur Zukunftskonferenz „Kommunale Jugendhilfe in Bonn: Quo Vadis?" am 09. März 2001

Anhang C: Kindermuseum KLIPP KLAPP

Anhang D: Kindermuseum des Gustav-Lübcke-Museum

Anhang E: Young at Art Children's Museum

Anhang F: das junge museum

Anhang G: Arizona Museum for Youth

Anhang H: Das Kinderreich des Deutschen Museums

Anhang I: Miraculum MachMit Museum Aurich

Anhang A: Questionnaire / Fragebogen

General information: / Allgemeine Daten:
Name of facility: / Name der Einrichtung:

Name of institution: / Träger der Einrichtung:

Address: / Anschrift:

Contact person: / Ansprechpartner:

Phone Number: / Telefonnummer:

E-Mail Address: / E-Mail Adresse:

1. Foundation/opening date of facility: / 1. Gründung/Eröffnung der Einrichtung:

2. Programs for children and youth offered since (date): / 2. Kinder- und Jugendmuseums-angebote seit:

3. Opening hours: / 3. Öffnungszeiten:

4. What type does your museum belong to?: / 4. Welchem Typ gehört ihr Museum an?:
   □ separate children's museum / Eigenständiges Kindermuseum
   □ affiliated museum / Kindermuseum angegliedert an ein Museum
   □ department for activities with children and youth / Museumspädagogische Abteilung

5. Is your facility a / 5. Ist Ihre Einrichtung ein
   □ stationary program with fixed building or rooms / Stationäres Angebot in einem festen Haus/festen Räumen
   □ stationary program in temporary rooms / Stationäres Angebot in temporären Räumen
   □ mobile program? / Mobiles Angebot?

6. Does your facility offer a / 6. Bietet Ihre Einrichtung ein
   □ stationary program or a / Ständiges Angebot oder ein
   □ temporary program? / Temporäres Angebot an?

7. Which target group do your programs address? / 7. Welche Zielgruppe möchten Sie überwiegend ansprechen?
   □ Children (0-6) / Kinder (0-6)
   □ Children (6-12) / Kinder (6-12)
   □ Youth / Jugendliche
   □ Adults / Erwachsene
   □ School classes / Schulklassen

8. Do you offer rotating exhibits? If yes, please describe those. / 8. Haben Sie wechselnde Ausstellungen? Wenn ja, welche?

9. Do you offer additional attractions/school programs (workshops, birthday parties, etc.)? If yes, what kind of attractions do you offer and how often do they take place? / 9. Führen Sie zusätzliche Angebote/Schulprogramme durch (Führungen, Workshops, Geburtstagspartys etc.)? Wenn ja, welche Angebote führen Sie genau durch und wie häufig finden diese statt?

10. Please describe how information is presented in your exhibits and the means of interaction. How do the children interact with the exhibit, parents, teachers, staff, etc.? / 10. Nennen Sie bitte Ihre wichtigsten Vermittlungsformen und -methoden für Ausstellungen und Angebote!

11. Do you offer attractions and exhibits in cooperation with different facilities? / 11. Werden Ausstellungen bzw. Angebote in Kooperation mit anderen Einrichtungen durchgeführt? Wenn ja, mit welchen?

Organisation / Organisation und Personalstruktur

1. How many staff do you have? (part time/full time staff, volunteers, interns etc.)? / 1. Wie ist Ihre Personalsituation (angestellte Vollzeit-/TeilzeitmitarbeiterInnen, Honorarkräfte, Praktikanten, Ehrenamtliche etc.)?

2. How do you finance your facility (income of the museum, donations, sponsorships, public funds)? / 2. Wie finanziert sich Ihre Einrichtung (eigene Einkünfte, Spenden, öffentliche Gelder)?

3. Do you offer special training/internship programs? If yes, please describe those. / 3. Bieten Sie spezielle Ausbildungs-/Praktikantenprogramme an? Wenn ja, bitte beschreiben Sie diese näher.

Additional questions: / Zusatzfragen:

1. Historical development of the museum (background, mission) / 1. Historische Entwicklung des Museums (Hintergründe, Motive etc.)

2. Describe the learning concepts, methods, goals, or tasks involved in your exhibits. / 2. Was für ein Kindermuseumskonzept verfolgen Sie? (konzeptuelle Ausrichtung, Ziele, Aufgaben, Funktionen)

3. Do you actively involve children in planning or creating your exhibits? If yes, please describe the type of participation. / 3. Haben Kinder/Jugendliche bei Ihnen die Möglichkeit aktiv Ausstellungen mitzuplanen, mitzugestalten etc.? Wenn ja, bitte beschreiben Sie die Arten der Partizipation.

Further information/notes: / Weitere Informationen/Anmerkungen

Please return this questionnaire and any other information you can provide (pamphlets, flyers, etc.) by August 31st 2004 to the following address: / Bitte schicken Sie diesen Fragebogen und eventuelle Flyer/weitere Materialien bis zum 31. August 2004 zurück an:

Marijke Brodel
Wertherstr. 301
33619 Bielefeld
Germany

For queries I will be reachable through my e-mail address: marijke.brodel@uni-bielefeld.de or through the phone number: 011-49-521-1364937 / Bei Rückfragen bin ich über die E-Mail Adresse marijke.brodel@uni-bielefeld.de oder über die Telefonnummer 0521/1364937 erreichbar.

Thanks a lot for your assistance and your effort, / Vielen Dank für Ihre Mithilfe, Sincerely,

Marijke Brodel

Anhang B: Thesenpapier zur Zukunftskonferenz „Kommunale Jugendhilfe in Bonn: Quo Vadis?" am 09. März 2001

Initiative
KINDER– UND
JUGENDMUSEUM
Bonn e.V.

THESENPAPIER ZUR ZUKUNFTSKONFERENZ „KOMMUNALE JUGENDHILFE IN BONN: QUO VADIS?"
AM 09. MÄRZ 2001

✘ Investitionen in die Kinder und Jugendlichen sind unumgänglich, da sie die auf sie zukommenden gesellschaftlichen und wirtschaftlichen Prozesse bewältigen, gestalten und lenken werden müssen und dazu Kraft, Mut, Fantasie, Visionen, Kenntnisse, Fähigkeiten, Prozesse in ihrer Vernetztheit zu denken und Selbstvertrauen benötigen werden.

✘ Ein möglicher Ort, den jungen Menschen in seiner Entwicklung zu stärken, ist das Kinder- und Jugendmuseum, ein integrativer Kultur-, Lern- und Freizeitort für Kinder, Jugendliche und Familien.

✘ Gegenstand sind ‚die Dinge, die die Welt bedeuten', Phänomene aus Kunst und Kultur, Technik, Geschichte und Natur.

✘ Ziel wie Methode ist neben den musealen Prinzipien des Sammelns, Ordnens, Erforschens und Bewahrens: wahrnehmen ‚mit allen Sinnen' - spielend erkennen – selber schaffen und das in seiner Ganzheit und Unmittelbarkeit, also das Be-greifen der Welt nach dem Vermittlungsprinzip ‚hands-on'.

✘ Kinder- und Jugendmuseen sind Schnittstelle zwischen Kindergärten, Schulen sowie den anderen städtischen Jugendeinrichtungen: sie bieten ein Präsentationsforum und die Möglichkeit, interaktive Erlebnisausstellungen aus der Kinder- und Jugendmuseumsszene zugänglich zu machen.

✘ Kinder- und Jugendmuseen verstehen sich nicht als Konkurrenz zu den bestehenden Museen mit ihren museumspädagogischen Angeboten, sondern durch ihren besonderen Ausgangspunkt als Bereicherung der Kinder- und Jugendszene.

Anhang C: Kindermuseum KLIPP KLAPP

Anhang D: Kindermuseum des Gustav-Lübcke-Museum

FÜR SCHULKLASSEN

1std. Führung für Schulklassen

Der Weg ins Paradies
Ein Gang durch 4.000 Jahre unterschiedlicher Bestattungsrituale und damit verbundener Jenseitsvorstellungen in der heimatlichen Vor- und Frühgeschichte und im Alten Ägypten.
6. - 13. Schulklasse   2,00 € pro SchülerIn

Ausgrabungen im Westhafen
Auf Entdeckung aktueller Funde aus dem Hafengebiet in Hamm in Verbindung mit der Stadtarchäologie.
6. - 13. Schulklasse   2,00 € pro SchülerIn

Mythos Tutanchamun
Die abendländische Faszination im 19. und 20. Jh. über das Alte Ägypten.
6. - 13. Schuljahr   2,50 € pro SchülerIn

Sonderveranstaltungen

150 Jahre Steinway & Sons
Workshop Klavierbau für Kinder
Im Kinder- und Jugendmuseum
Sonntag, 5. Oktober 2003, 15 Uhr   Preis: 2,00 €

„Ägyptische Mythen"
Märchen für Erwachsene
und parallel dazu für Kinder
Kinderführung durch die „Tutausstellung"
mit anschließendem Workshop
Sonntag, 26. Oktober 2003, 15 Uhr
5,00 € (Erwachsene) / 2,50 € (Kinder)
inkl. Eintritt in die Sonderausstellung.

Tag des Museums
mit historischen Kunsthandwerkermarkt,
Musik und vielen Aktivitäten
für Kinder und Erwachsene
Sonntag, 16. November 2003, 10-18 Uhr
Eintritt frei!

FÜR SCHULKLASSEN

Zu der Sonderausstellung Führung mit Workshop

„Das Museum auf Wanderschaft"
Wie klein hat das Museum in Hamm begonnen und wo steht es heute? Wer kennt schon die verschiedenen Stationen des Museums und die Gefahren, die die Sammlung zeitweise erlebt hat. Nach einer spannenden Zeitreise durch die über 100 Jahre alte Geschichte des Museums werden Rätsel- und Suchspiele veranstaltet oder ein Lieblingswerk aus der Sammlung nachgebildet.
4. - 10. Schuljahr   1,5-std. 2,50 €

„Mythos Tutanchamun"
Die Ausstellung verdeutlicht uns, dass das Alte Ägypten die Menschen ab dem 19. Jh. bis heute mit Leidenschaft erfüllt – uns wird besonders die getreu nachgebaute Grabkammer von „Tut" faszinieren. Im Anschluss an das Führungsgespräch, bei dem wir „Altägyptisches" auf alltäglichen Gegenständen entdeckt haben, übertragen wir selbst ägyptische Motive auf herkömmliche Dinge.
3. - 9. Klasse   1,5- std. 3,00 €

Stadt Hamm:
Gustav
Lübcke
Museum

MUSEUMSPÄDAGOGISCHES PROGRAMM

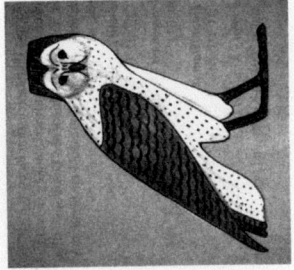

September
bis
Dezember
2003

Kinder
Jugendliche
und
Erwachsene

FÜR KINDER UND JUGENDLICHE

In den Herbstferien

Zeitreise Museum
Kaum zu glauben, dass alles mit einem Wasserhuhn und einer Mumie begann. Ihr erfahrt, an welchen Orten sich das Gustav-Lübcke-Museum befand und welche Gefahren die Sammlung zeitweise erlebte. Nachdem wir spannende Geschichten darüber gehört haben, werden wir ein bedeutendes Ausstellungsobjekt nachbilden.
21. Oktober 2003, 10-13 Uhr
8 - 10 Jahre   Preis: 2,50 €
Leitung: N.N.

Kleine Ausstellungmacher
Wir werden die Lebensweise, die Hobbys sowie die zukünftigen Berufe der Kinder im Alten Ägypten erkunden. Anschließend werden wir die neue Ausstellung im Kindermuseum vorbereiten und gemeinsam ein Wandbild gestalten und altägyptische Töpferwaren formen.
28. - 29. Oktober 2003, 10-13 Uhr
10 - 14 Jahre   Preis: 4,00 €
Leitung: Christoph Aßmann M.A

In den Weihnachtsferien

Tuja und Pepi
In einer Theaterrevue werden die Kindheitserinnerungen von Tuja und Pepi, zweier Kinder aus dem Alten Ägypten vorgeführt. Wer Lust hat diese Theaterrevue einzustudieren, die Bühnenbilder und die Requisiten dafür herzustellen sowie das Ganze am Eröffnungstag der neuen großen Ausstellung im Kinder- und Jugendmuseum aufzuführen, ist bei diesem Kurs herzlich willkommen.
2. / 3. / 5. / 6. und 24. Januar, 10-13.30 Uhr
Aufführung: Sonntag, 25. Januar, 11 Uhr
10 - 14 Jahre   Preis: 5,00 €
Dr. Diana Lenz-Weber/ Susanne Birker M.A.

Anhang E: Young at Art Children´s Museum

Young At Art Institute
"Art-rageous" Summer Art Camp

You choose the weeks you want!

Join us at South Florida's premier Art Camp where kids ages 5-12 have a creative blast!

✓ Your child receives personal attention from our team of highly qualified and experienced art instructors.

✓ All materials and ceramic firings are included.

✓ Afternoon highlights include a special guest performer each week, exhibit exploration, movies, fun and games.

Your child will...

✓ Explore a variety of media including ceramics, painting, drawing, sculpture, print-making and more!

✓ Experience working in our professionally equipped painting, drawing and ceramics studios!

✓ Build self-esteem though pride in their accomplishments and the positive reinforcement they receive from teachers.

✓ Express their ideas, feelings and dreams.

✓ Learn about artists, past and present, from all corners of the globe.

✓ Create the most awesome artwork in a warm and caring environment.

Camp Hours: 9 AM - 3 PM
Weekly: Members $150; Non-members $175
Sibling Discount: 10% off class tuition

After-Camp Enrichment: 3 - 5 PM
Weekly: Members $50; Non-members $65

Questions? (954) 424-0085 x10 or x27

ART-rageous Summer Camps
10 Weeks with a Different Theme Each Week

Sibling Discounts Available!

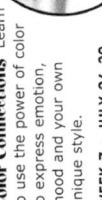

WEEK 1 • JUNE 14-18
Adventures in Paradise Travel from Hawaii, Polynesia and New Zealand to the Philippines and Indonesia and discover exotic art and culture of the Pacific.

WEEK 2 • JUNE 21-25
Face to Face Experience a new and exciting way of seeing and making portraits through time. Painting, collage and sculpture will be explored.

WEEK 3 • JUNE 28-JULY 2
Stories, Art, Myth & Magic! Discover art: a visual language that brings stories of every kind to life.

WEEK 4 • JULY 5-JULY 9
Step "Out of the Box" Shape up! Build a new awareness of 3-D structure and design using a variety of materials.

WEEK 5 • JULY 12-16
Down To Earth Mother Nature becomes your inspiration for creative expression.

WEEK 6 • JULY 19-23
Color Connections Learn to use the power of color to express emotion, mood and your own unique style.

WEEK 7 • JULY 26-30
Walk on the Wild Side Draw on your imagination to create abstract, fantasy and pop art sure to amaze and amuse.

WEEK 8 • AUGUST 2-6
Planes, Trains and Automobiles It's a race when you travel with art to fly, flip, float and locomote!

WEEK 9 • AUGUST 9-13
Take it to the Streets & Back Again. Art is everywhere...from the country farm life to the urban environment. Investigate the many influences and visual interpretations your journey will provide.

WEEK 10 • AUGUST 16-20
Medieval Merriment Kings, queens, castles and dreams set the stage for your imaginative masterpieces.

Snacks & Lunches
Campers must bring two snacks and a bagged, non-perishable lunch. Drinks are available for purchase.

Enrollment Details
- Tuition is due in full at the time of registration. A Sibling Discount is offered this year. Take 10% off tuition of second, third, forth, etc. child from same family enrolled at the same time. (Siblings only qualify.)
- To ensure quality experiences for each child, minimum/maximum levels are set for each Camp, and the Museum reserves the right to cancel any Camp as well as to cap enrollment.
- Although every effort is made to adhere to the published schedule, programs are subject to change without notice.
- We cannot provide refunds for dropping the camp or for absences. Fees are refundable only if a camp is cancelled.

Registration available online:
www.YoungAtArtMuseum.org

Anhang F: das junge museum

das junge museum stellt sich vor

das junge museum ist das Kinder- und Jugendmuseum der Stadt Bottrop.

Ursprünglich als Kunsthalle für Kinder geplant, änderte sich die Konzeption, durch die Begeisterung aller Beteiligten und Verantwortlichen über die mögliche Erschaffung eines neuen Kinder- und Jugendkulturortes, schnell in Richtung Kindermuseum.

Von der vorab geplanten Nutzung zeugt noch die außergewöhnliche Architektur.
Denn was der Bottroper Architekt B.Küppers Praxis hat werden lassen, steht - getreu dem Geist des ebenfalls aus Bottrop stammenden Konstruktivisten Josef Albers - im Zeichen des Quadrats.

das junge museum besteht aus drei ca. 6 x 6 m großen, durch Glasgänge miteinander verbundenen Holzkuben, und wird von drei großen Platanen überschattet.
Drumherum bietet der Kulturhof zusätzliche Fläche für Outdoor-Aktivitäten aller Art.

In baulichem Zusammenhang mit dem Kulturzentrum, ist das junge museum mitten in der City der Revierstadt zu finden.

das junge museum präsentiert Wechselausstellungen speziell für Kinder und Jugendliche, die das Mitmach-Prinzip fördern.

Die Besonderheit ist dabei, daß die Besucher sich den Ausstellungsinhalten in ungezwungener Atmosphäre auf spielerische Weise nähern können. Jede Ausstellung ermutigt zum Experiment, sich aktiv mit der Umwelt auseinander zu setzen und sinnlich zu lernen.

das junge museum arbeitet zur Zeit mit einer fest angestellten Kraft und fünf Honorarkräften .

das junge museum ist eine eigenständige Einrichtung der Kulturwerkstatt, der Jugendkunstschule der Stadt Bottrop, und erhält eigene Finanzmittel aus dem Etat der Stadt.

Gemeinsam mit Kindern und Jugendlichen Ausstellungen gestaltend, sind wir immer bestrebt, auch unsere jugendlichen Besucher zu Wort kommen zu lassen:

Der Name „das junge museum" wurde von einer Schülerpraktikantin erdacht.

Das Logo wurde - nach Anregung durch die Architektur der Gebäude - vom Grafikkurs der Kulturwerkstatt gestaltet.

Die Fassadenbeschriftung fertigten Schüler der Berufsschule Bottrop.

Die Öffnungszeiten sind variabel und richten sich nach den Erfordernissen der einzelnen Ausstellungen.

Der Eintritt beträgt 2,50 € p.P. für den Besuch einer Ausstellung incl. Führung und Mitmachprogramm bzw. Workshops.
Bei Ausstellungen ohne Mitmachcharakter ist der Eintritt frei.
Beim Besuch von Gruppen ist für eine Begleitperson der Eintritt frei.

Zu manchen Ausstellungen bieten wir Begleithefte zum Verkauf an.

Anhang G: Arizona Museum for Youth

Arizona Museum for Youth—General Information

Mission Statement

The mission of the Arizona Museum for Youth is to design, develop, and present innovative and interactive art museum experiences, which are accessible to children and families.

The Facility

The Museum features a large Main Gallery that presents a new and different art exhibition that changes entirely, three times every year. Exhibitions in the main gallery are recommended for youth 5-12 years of age. *ArtVille*, a permanent exhibition and activity area, is especially tailored for our guests 0-5 years of age. Public programs and art workshops are offered on an ongoing basis.

Who we are

The Arizona Museum for Youth-a public/private partnership between the City of Mesa and the Arizona Museum For Youth Friends, Inc.-introduces children to the visual excitement and cultural enrichment provided by fine arts. Our environment is especially designed to titillate the imagination, stimulate the mind, and captivate the eye.

What we do

As one of the only children's museum in the United States with a fine arts focus, the Arizona Museum for Youth is a very special family attraction. The museum features one, large, changing art exhibition and presents three entirely new shows every year. These exhibitions, developed by the dynamic museum staff, feature artwork and hands-on activities that highlight a particular theme. *ArtVille*, a permanent exhibition, offers varied programming from day to day and month to month. The museum also hosts numerous school groups and provides specialized, guided tours for elementary school classes. The Arizona Museum for Youth also offers art classes and workshops to the public, year round.

Admission: $3.50 per person—one year of age and older. Free for under one year and Members.

Public Hours: Tuesday – Sunday: 9 a.m. to 5 p.m.
Closed Mondays and government holidays.

Dining: There are no public vending areas at the Museum. However, there are several nearby sandwich shops if you wish to get a bite to eat.

Museum Store: A museum shop offers exhibit related items and art themed activities and gifts. Open 9 a.m. to 4:30 p.m. daily.

Accessibility: The museum is wheelchair accessible.

Payment: Cash, check, and major credit cards accepted.

Information: Call 480.644.2467 or www.arizonamuseumforyouth.com

**ARIZ NA MUSEUM
F R YOUTH**

How we have grown!

- 1978 – The Arizona Museum for Youth is born! The museum receives it 501(c)3 status and is incorporated after several years in the preliminary development phase and makes the dream of Valley philanthropists Jack and John Whiteman, a reality.

- 1980 – The museum hires its first staff member—Barbara Meyerson. Barbara is the museum's first executive director and continues in that capacity today. The museum's mission as an art museum for children is firmly established under Barbara's oversight.

- 1981–The Arizona Museum for Youth opens its first exhibition, *Mexican Masks*, in a temporary location in the Poca Fiesta strip mall. The space becomes unavailable one year later and the search for a new home is on.

- 1982 – The museum establishes a commitment to creating "hands-on" programming to accompany its art exhibitions. Due to the vast art resources available in the community, it was determined that the museum would present changing exhibitions using these resources and not acquire a permanent collection of artworks.

- 1983 – The museum gets a permanent home! With the help of a grant from the City of Mesa the Museum for Youth is able to purchase an old grocery store. The old grocery store is transformed into a children's museum with the help of Brent Saville, a nationally known designer of art facilities.

- 1985 – The Museum for Youth opens its new permanent facility with the exhibition *The Heart of Celebration*. The Museum for Youth officially adds "Arizona" to its title to reflect its statewide audience.

- 1987– The Arizona Museum for Youth becomes part of the City of Mesa and enters into a public/private operational agreement. The Board of Directors is reorganized into the Arizona Museum for Youth Friends, Inc.

- 1989 – *USA Today* declared the museum the "Most Outrageously Artful" children's museum in America.

- 1994 – *Family Fun* magazine names the Arizona Museum for Youth as one of six "awesome" museums in the U.S.A. for children

- 1996 – The Arizona Museum for Youth's first expansion is completed and adds more exhibit, storage, and workshop space to the facility.

- 1997 – Working in conjunction with the British Consulate, the museum hosts the *Wallace and Gromit* exhibition which breaks all previous attendance records.

- 2003 – The museum completes a second expansion that includes a new lobby, improved gallery space, and expanded office areas.

- 2004 – *ArtVille*, the first permanent exhibition in the museum is completed and opens to the public. The new area adds 2500 square feet of exhibition space to the museum and offers activities and programming for children under five—expanding the reach of the museum's offerings.

Anhang H: Das Kinderreich des Deutschen Museums

Fragebogen:

Allgemeine Daten:

Name der Einrichtung: Das Kinderreich des Deutschen Museums

Träger der Einrichtung: Deutsches Museum (Anstalt des öffentlichen Rechts)

Anschrift: Museumsinsel 1
80538 München

Ansprechpartner: Melanie Koehler

Telefonnummer: 089 / 21 79-411

E-Mail Adresse: m.koehler@deutsches-museum.de

Rahmendaten:

1. Gründung/Eröffnung der Einrichtung: 05.02.03

2. Kinder- und Jugendmuseumsangebote seit: ca. 1990 (aktive Museumspädagogik)

3. Öffnungszeiten: DM: 9°° - 17°°   KR: 9°° - 16³°
täglich   täglich

4. Welchem Typ gehört ihr Museum an?:
   □ Eigenständiges Kindermuseum
   ☒ Kindermuseum angegliedert an ein Museum
   □ Museumspädagogische Abteilung

5. Ist Ihre Einrichtung ein
   ☒ Stationäres Angebot in einem festen Haus/festen Räumen
   □ Stationäres Angebot in temporären Räumen
   □ Mobiles Angebot?

6. Bietet Ihre Einrichtung ein
   ☒ Ständiges Angebot oder ein
   □ Temporäres Angebot an?

7. Welche Zielgruppe möchten Sie überwiegend ansprechen?
   □ Kinder (0-6)
   □ Kinder (6-12)
   □ Jugendliche
   □ Erwachsene
   □ Schulklassen
   □ Kinder 3-8 Jahre (Gruppen)   ❷-10 Jahre (Einzelbesuche)

8. Haben Sie wechselnde Ausstellungen? Wenn ja, welche? Sie wechselnde Ausstellungen? Wenn ja, welche

Da wir noch recht jung sind und mit unserem festen Ausstellungsangebot gut zu tun haben, haben wir bisher nur wenig Möglichkeit hierzu gehabt. Wir machen dann & wann Ausstellungen aus den Ergebnissen unserer Sonderprogramme, planen aber für die Zukunft auch „Sonderausstellungen" z. B. 2004 f. d. Herbstferien das „Mobile Musik Museum"

9. Führen Sie zusätzliche Angebote/Schulprogramme durch (Führungen, Workshops, Geburtstagspartys etc.)? Wenn ja, welche Angebote führen Sie genau durch und wie häufig finden diese statt?

Ab August 2004 werden wir ein Workshopprogramm f. Geburtstage ect. anbieten. (zu unsere Zielgruppe. ab 8 gibt es dies (Flye Außerdem machen wir verschiedene, sporadische Angebote (siehe beiliegendes Material)

Unser Schulklassenprogramm ist für Kinder ab 8 Jahre konzipiert und wird von unserer Museumspädagogin Traudel Weber organisiert (Flye anbei)

10. Nennen Sie bitte Ihre wichtigsten Vermittlungsformen und -methoden für Ausstellungen und Angebote!

? Werbung? Internet, Flyer, tel. Beratung
Werbung im KR

Vernetzungsarbeit mit Partnern der
Kinderkulturarbeit in München & darüber hinaus

? Pädagogik? Werkstätten, Workshops, Kinderführungen
in die Abteilungen, Geburtstagfeiern, Überraschungs-
aktionen, Bastelaktionen, Feste

11. Werden Ausstellungen bzw. Angebote in Kooperation mit anderen Einrichtungen durchgeführt? Wenn ja, mit welchen?

Kooperationen mit:
- Kreisjugendring München - Stadt
- Päd. Aktion - Spielen in der Stadt ...
- Kulturservice München
- Päd. Institut des LHS
- Kultur & Spielraum
- Kinder- und Jugendmuseum Hbf

und viele mehr...

Organisation und Personalstruktur

1. Wie ist Ihre Personalsituation (angestellte Vollzeit-/TeilzeitmitarbeiterInnen, Honorarkräfte, Praktikanten, Ehrenamtliche etc.)?

3 Vollzeitstellen

2 Halbtagsstellen

(Programme nur möglich über Außenfinanzierung)

Sporadisch arbeiten 3 Ehrenamtliche mit und gelegentlich PraktikantInnen.

2. Wie finanziert sich Ihre Einrichtung (eigene Einkünfte, Spenden, öffentliche Gelder)?

Kleiner Etat aus dem „Museumstopf" & Spenden / Sponsoring

3. Bieten Sie spezielle Ausbildungs-/Praktikantenprogramme an? Wenn ja, bitte beschreiben Sie diese näher.

Praktika für ErzieherInnen & Studenten sind möglich. Wir sind da sehr flexibel. (außer bei bezahlten Praktika... siehe Geld)

Zusatzfragen:

1. Historische Entwicklung des Museums (Hintergründe, Motive etc.)

Bitte im Internet nachlesen unter:
www. deutsches-museum.de
(100 Jahre sind eine lange Zeit)

2. Was für ein Kindermuseumskonzept verfolgen Sie? (konzeptuelle Ausrichtung, Ziele, Aufgaben, Funktionen)

Siehe beiliegendes Konzept

3. Haben Kinder/Jugendliche bei Ihnen die Möglichkeit aktiv Ausstellungen mitzuplanen, mitzugestalten etc.? Wenn ja, bitte beschreiben Sie die Arten der Partizipation.

Wir planen ein kleines Kinderforum, sind aber wegen der bescheidenen Mittel und vor allem auch der beständig wechselnden Klientel noch nicht weitergekommen. Ich hoffe das schaffen wir noch!

das Kinderreich

Ich bin ein Wissenschaftler!

*Kinder wollen alles wissen – und müssen alles wissen, denn wer viel weiß, der kann viel machen. Deshalb gibt es jetzt das **Kinderreich** im Deutschen Museum! Das Angebot richtet sich an die Wissenschaftler im Alter von 3 bis 8 Jahren, und weil die alles ganz genau wissen wollen und manchmal selbst die Klügsten nicht wissen, wie was warum eigentlich funktioniert, hier ein paar Hinweise zu den vielen Dingen, die es im Kinderreich und sonst auf der Welt zu entdecken gibt.*

Draußen ist die Welt – *Natur, Welt, Wasser*

Wasser macht aus der Erde das, was sie ist: ein Planet voller Leben. Den haben die Menschen erforscht, sie haben Wissenschaft getrieben, Natur-Wissenschaft; und die Natur auf unserem Planeten ist vom Wasser geprägt.

Der **Wasserfall** steht am Anfang der Wasserstraße. Vom Gebirge aus, wo das Wasser in den Quellen entspringt, rauscht es mal schnell, mal langsam, mal als donnernder Fall, mal als träge Masse dem Meer entgegen. Die Menschen haben das Wasser beobachtet, seine Kraft, wie es fließt, Äste trägt und Bäume und Boote, den Sand verschiebt und Steine höhlt. Sie haben die **Strömung** erforscht und den Fluss genutzt: seine Kraft auf Räder geleitet und die Natur für sich arbeiten lassen: mit **Wasserrädern**. Die treiben schwere Hämmer an und Mühlsteine, später auch elektrische Dynamos. Es gibt verschiedene Räder, die unterschiedlich im Wasser liegen. Schau sie dir an und probiere sie aus!

Soll Wasser nach oben gehoben werden – z.B. auf ein trockenes Feld –, kostet das Kraft und Schweiß. Wohl dem, der die Eimer nicht einzeln tragen muss: das **Schöpfrad** zeigt dir, wie's einfacher geht. Mit Klappen kann das Wasser dann umgeleitet und verteilt werden. Von Archimedes, dem alten Griechen, wird behauptet, er hätte sich eine Schraube ausgedacht, mit der man das Wasser hochkurbeln kann, sie heißt nach dem großen Forscher: **Archimedische Schraube**. Und wie funktioniert sie?

☞ ABTEILUNG BRÜCKEN- UND WASSERBAU UND KRAFTMASCHINEN IM ERDGESCHOSS UND DAS BERGWERK

Mancher Flusslauf ist für Schiffe nicht passierbar: zu steil ist das Gefälle, oder das Wasser ist zu flach, oder oder … Dann wird der Fluss gestaut, das macht ihn tief und ruhig. Damit die Schiffe hinter der Staumauer weiterfahren können, gibt es ein **Wehr.** Das Wehr ist eine Kammer, die mit Wasser gefüllt werden kann. Von oben fahren die Schiffe in die geflutete Kammer, dann wird das Wasser ausgelassen, und das Schiff sinkt auf die untere Ebene des Flusses, umgekehrt – umgekehrt. Auch im Kinderreich können die Schiffe von oben nach unten fahren und umgekehrt. Probiert das Öffnen und Schließen der Schleusentore aus und bringt so die Schiffe auf die andere Ebene!

☞ Wehre: Abteilung Wasserbau im Erdgeschoss

☞ Aufgepasst:

Wenn die Fliesen nass sind, können sie **rutschig** sein, also: langsam! Das Wasser ist ein wenig **gechlort**, trink es nicht. Und geh zum Baden in die Badeanstalt – nicht ins Kinderreich!!!

stark und schnell – *Kraft, Bewegung, Energie*

Wenn das Wasser Schiffe hebt und die Ameise ein Blatt, wenn der Kran einen Packen Ziegel in den 15. Stock bringt und die Feuerwehr aus dem Feuerwehrhaus saust, dann geschieht das mit Kraft. Schau dich um! Überall wirst du entdecken, wie die Kraft die Erde bewegt.

Was ist mit deiner Kraft? Schon mal versucht, eine rappelvolle Einkaufstüte zu heben? Mit einem **Flaschenzug** wäre das ein 'Kinderspiel'. Probier das mit den anderen aus: Wer kann den anderen in die Höhe ziehen, welcher Flaschenzug geht am besten? Kannst du dich selber raufziehen? Hat das was mit den Rollen zu tun? Oder mit der Länge des Seils? Merkst du, dass es leichter wird, je mehr Seil über die Rollen gleitet? Das ist schon die goldene Regel der Mechanik: Willst du an Kraft sparen, musst du an Weg dazugeben.

☞ Abteilung Schifffahrt, EG; Physik, Mechanik: 1.OG

Wer dauernd dieselbe anstrengende langweilige Arbeit machen muss, sagt man, steckt in der **Tretmühle**. In der 'echten' Tretmühle drückt das Gewicht des Menschen (oder des Tieres) das Rad nach unten und es dreht sich. Die Drehbewegung treibt das Arbeitsgerät an: einen Kran, oder eine Getreidemühle. Viele Treter können – verbunden mit einem Flaschenzug – große Lasten heben und versetzen: vom Wagen auf die Baustelle, vom Schiff auf die Hafenmauer, von hier nach dort ...

☞ Abteilung Kraftmaschinen im Erdgeschoss

Tretrad und Flaschenzug *verbessern* den Einsatz der Muskelkraft, sie wird aber nicht *ersetzt*. Wasser- und später die Windmühlen können das, allerdings brauchen sie einen guten Wasserzufluss oder den rechten Wind. Weil es das nicht immer gibt, haben die Menschen die Dampfmaschine erfunden, die kann überall arbeiten. Sie wandelt die Kraft des Feuers und Wassers zu Dampf; der treibt dann

Wer zu schnell ist, wird ausgebremst!

Räder, Pumpen und Maschinen. Ohne den Wasserdampf ist die Kraft des Feuers praktischer und ergiebiger: im Verbrennungsmotor wird ein Benzin-Luft-Gemisch gezündet. Fast alle Autos haben so einen Motor – auch die **Feuerwehr**. Die Feuerwehrleute rutschen an der Stange zum Fahrzeug runter und dann gehts – hui – zum Einsatz.

☞ Abt. Eisenbahn, EG und Verkehrszentrum, Theresienhöhe

Mit den Kraftmaschinen kann man also die unglaublichsten Sachen machen – schwere Brocken heben und mit Karacho durch die Gegend sausen, Muskeln, Dampf oder Benzin liefern die Energie; die bleibt erhalten: im Klotz oder in der Kugel, die oben auf der **Kugelbahn** liegt: Gib der Kugel einen Stubser, und sie rauscht mit Getöse nach unten – Energie! Wer sorgfältig baut, kümmert sich um den Schwung der Kugel und das Gewicht der **Bauklötze**, spielt mit der Schwerkraft, benutzt sie, baut eine ordentliche Kugelbahn.

☞ Tunnel-, Brückenbau im EG, Energietechnik, Physik, 1.OG

☞ Aufgepasst:

Wenn das **Tretrad** sich zu schnell dreht, wird es elektronisch abgebremst. Dann muss man warten. Dann gehts wieder weiter. **Kugeln** für die Kugelbahn gibt's an der Info!

hell und dunkel – Licht, Optik, Astronomie

Die größte Energiequelle ist für uns die Sonne. Sie liefert nicht nur Wärme, sondern auch Licht. Das weiße Sonnenlicht besteht aus vielen Farben, die von Rot über Gelb und Grün bis zum tiefen Violett reichen. Zusammen ergeben sie das weiße Licht, das du kennst, trotzdem darfst du nie direkt in die Sonne schauen, es würde die Augen zerstören. Im Regenbogen allerdings kannst du den Farbfächer des Sonnenlichtes – das ganze Spektrum – sehen. Das menschliche Auge erkennt drei verschiedene Farben, **Rot, Blau** und **Grün**. Alle anderen Farben werden als Mischung dieser drei Farben wahrgenommen – so funktioniert der Farbfernseher!

☞ Die großen roten Knöpfe **fest** und länger drücken; mit den bunten Schatten spielen. Wo alle drei Scheinwerfer zusammentreffen, ist das Licht (fast) weiß – sollte es zumindest sein.

AM ANFANG
WAR DAS FEUER ...

Das Deutsche Museum ist voller Dioramen: die Welt im Kleinen nachgebaut, im Lichtspielhaus ist es die Welt des **Lichtes** – in der **Natur** und bei den **Menschen**. Lange Zeit hatten die Menschen nachts nur das Feuer, so wie das Lagerfeuer in der weiten Ebene. Mit dem glutroten Sonnenuntergang kündigt sich die Nacht an, langsam erscheinen die ersten Sterne am Himmel. In den Häusern geben Öllampen, Späne und Kerzen ihr bescheidenes Licht. Erst vor 100 Jahren wurde die Welt elektrifiziert: Strom kommt in die Häuser, die Straßenbeleuchtung wird ausgebaut, und die Reklame darf nicht fehlen. Heute machen die modernen Großstädte die Nacht zum Tag, da tut sich selbst das Mondlicht schwer.
Der **Mond** dreht sich um die Erde und die Erde um die Sonne. Wer auf das Karussell steigt, merkt, dass die Form des Mondes – Halb- oder Vollmond, die Sichel und der Neumond – von der Stellung des Mondes und der Erde zur Sonne abhängt.

☞ Grüner Knopf: **drehen**, roter Knopf: **halt!**

☞ ABTEILUNG PHYSIK, OPTIK: 1.OG, ASTRONOMIE: 3. BIS 6.OG

ich und du – Kommunikation

Manchmal kann man seinen eigenen Augen nicht trauen: Schau ins **Tanagratheater**! Was geht da vor, wenn große Menschen zu Zwergen schrumpfen und Kinder zu Mäusen?! Das Rätsels Lösung ist: Wissenschaft! Und zwar: die Optik. Wissenschaft zum Staunen. Wer die Gesetze der Natur kennt, kann zaubern und den Zuschauern ein X für ein U vormachen; so kann Wissenschaft sogar lustig sein.

☞ Die **Großen** sehen die kleinen Menschen, **Kinder** muss man an das Fenster heben!

Wissenschaft baut auf dem auf, was andere herausgebracht und aufgeschrieben haben, was sie uns weitergeben; heute geschieht das im Wesentlichen mit **Computern:** Informationen sammeln, austauschen, weiterbearbeiten. Manchmal benützt man die Computer aber auch zum Malen, Schreiben oder einfach zum Spielen. Im Kinderreich gibt es:

• einen Computer, wo du dich eintragen kannst: mit deinem Foto und deiner Meinung;
• einen Computer, in dem sich dein Bild auf der Wasseroberfläche spiegelt;
• zwei Computer, mit denen du eine Mail an den anderen Computer schicken kannst – auch mit Bild;
• einen Computer, mit dem du malen kannst;
• einen Computer, mit dem du in das Lexikon oder auf die Internetseiten des Museums kommst;
• einen Computer zum Englisch lernen;
• einen Computer mit dem du ein schönes Auto zusammenbauen kannst;
• einen Computer, der dir die Feuerwehr erklärt;
• einen Computer, auf dem du das Feuerwehrpuzzle zusammensetzen kannst
• und zwei Computer, mit denen du Musik machen kannst: einmal Klänge, einmal Rhythmen. Diese zwei Computer stehen vor dem Musikstudio ...

☞ ABTEILUNG INFORMATIK UND TELEKOMMUNIKATION: 3.OG

laut und leise – *Schall, Akustik, Musik*

Die Musikabteilung im Kinderreich ist erst im Aufbau – wir sind noch nicht ganz fertig. Zwar steht schon das Studio und wir haben ein paar Instrumente – eines ist sogar riesengroß – aber wir wollen noch mehr Instrumente, Spiele und Klangversuche.

Das **Glockenspiel** ist so gestimmt, dass alle Töne schön zusammen klingen, so wie die schwarzen Tasten auf dem Klavier. Man nennt diese Tonfolge *pentatonisch*, weil die Tonleiter aus 5 Tönen besteht (penta ist griechisch und heißt 5).

Im Musikstudio gibt's in einer Box das **Klavier** und in der anderen die **Rhythmusinstrumente**. Probier sie aus und versuch mit anderen einen Rythmus zu entwickeln. Auch wer vorher noch nicht

Klavier gespielt hat, soll mal versuchen, Geräusche und Stimmungen nachzuspielen: Regen, zum Beispiel, oder Sturm, Fische, Frühling, den Nikolaus oder eine Libelle ... überleg dir selber ein Tonbild. Hinter dem Tonstudio steht die **Riesengitarre** – mit nur 5 Saiten! Sie ist einer sehr alten Gitarre nachgebaut. Alle können in die Gitarre reinkrabbeln und man kann den Ton – die Schwingungen – an den Wänden der Gitarre mit den Händen fühlen.

☞ ABTEILUNG MUSIKINSTRUMENTE UND PHYSIK: 1. OG

☞ Aufgepasst:
Man kann wohl **in** die Gitarre steigen, soll aber nicht **auf** sie klettern! Und wenn's zu **laut** wird, macht Musik eigentlich keinen Spaß mehr, oder?

Was gibt's noch? – *Bibliothek, Studienlabor und ein Schiff*

Hinten beim Musikstudio entsteht unsere kleine **Bibliothek**. Damit man mal in Ruhe das nachlesen kann, was man gerade ausprobiert hat. Im **Studienlabor** bei der Feuerwehr planen wir Workshops und besondere Programme. Aktuelle Informationen zu diesen Angeboten werden wir rechtzeitig bekannt geben.

Im Sommer wird der Zugang auf das Freigelände und die Terrasse geöffnet, dann kannst du direkt vom Kinderreich aus auf den **Seenotkreuzer** klettern. Dort gibt es dann Vorführungen und Spiele, und alle Forscher müssen kommen – ahoi, Kapitän, nimm mich mit auf die Reise!

Man kann also sehr viel sehen, lernen und erleben im Kinderreich und auch im echten Deutschen Museum, das Haus ist voller aufregender Dinge: Fernrohre, Hubschrauber, eine Königskrone im Wasserglas, schaurige dunkle Gänge durchs Bergwerk und eine Elster auf dem Telefonmast. Das muss erforscht werden, lass dich mal von einem kundigen Menschen durch das Museum führen – auch wenn es fürs erste vielleicht nur ein kleiner Teil ist.

Wer immer wieder wiederkommen will, soll Mitglied werden, er kann seine Freunde mitbringen und die Geschwister. Und alle können Geburtstag feiern, im Museum, ruft mal an:

Deutsches Museum: (089) 2179 - 1
Kinderreich: -411
Kinderprogramm: -462
Kindergeburtstage,
Kinderführungen: -252

Das Museum ist täglich geöffnet von 9 Uhr bis 17 Uhr, das Kinderreich nur bis 16.30 Uhr, letzter Einlass um 16 Uhr. Kinder bitte nur in Begleitung Erwachsener, Gruppen vorher im Kinderreich anmelden.

NIMM MICH MIT KAPITÄN
AUF DIE REISE ...

Deutsches Museum

Anhang I: Miraculum MachMit Museum Aurich

miraculum
Kunstschule & MachMitMuseum der Stadt Aurich

- das kleine
Wunder

Aurich hat ein kleines Wunder, genau genommen sogar zwei. Denn dass die Stadt den Mut hat, hier einen Kulturort für Kinder zu bauen und sich freiwillig eine Kunstschule und ein Kindermuseum auflädt, das sucht seinesgleichen - das findet man nirgendwo in der Region. Eine Stadt, die in die kulturelle Bildung ihrer Kinder investiert, ist etwas Besonderes im strukturschwachen Ostfriesland und angesichts knapper Haushaltskassen grenzt es wirklich an ein Wunder.

Entstehung

Eine Kunstschule gibt es schon seit 1984 in Aurich. Als kreativ-künstlerisches Anhängsel der Kreismusikschule bemüht man sich hier von Anfang an um ein eigenes Profil im außerschulischen Bildungskontext und gewinnt bald Anerkennung über die Inszenierung kooperativer Musical-Projekte. Kinder und Jugendliche zwischen 5 und 20 Jahren arbeiten hier gemeinsam auf ein Ziel hin und finden unterschiedliche Ausdrucksmöglichkeiten in den Bereichen Bildende Kunst, Tanz, Musik und Theater. Die Mitarbeiter/innen bilden dabei eine besondere Form der inhaltlichen, thematisch orientierten kunstpädagogischen Arbeit heraus, deren Ergebnisse immer auch der Öffentlichkeit präsentiert werden.

10 Jahre später ist daraus ein eigenständiges ganzjähriges Angebot geworden, mit dem man sich als „Kunst & Co" der Musik- und Kunstschule des Landkreises speziell an 6-10jährige Kinder wendet. Dabei wird ein entsprechend aufbereitetes Thema nachvollziehbar, spielerisch und mit allen Sinnen erlebbar gemacht und der Projektraum als inszenierter, sich verändernder Erlebnisort mit einbezogen (Themenbeispiele: Indianer, Dinosaurier, Traumzirkus, Sternenreise, Mittelalter, Zeitmaschine).

1997 bildet das Kursprojekt „Im Land der Pharaonen" mit über 50 teilnehmenden Kindern eine Schlüsselerfahrung für die Mitarbeiter/innen der kleinen Kreativabteilung. Denn das gesamte Projekt gelingt so überzeugend, dass alle Kinder, Eltern und Veranstalter der Meinung sind, daraus müsse man mehr machen. Die im Projektverlauf gestalteten Räume, Kostüme, Objekte, Malereien, Anregungen und Ideen seien eigentlich viel zu schade, um auf Dachböden oder in Schubläden wieder zu verschwinden.

Ein Jahr darauf wird dem Stadtrat ein Konzept vorgelegt, das erstmals die Idee von Kunstschule & Kindermuseum für Aurich und Ostfriesland formuliert und mit dem die Initiatoren eine Trennung von der Musikschule und die Übernahme der Kunstschule in städtische Trägerschaft anvisieren. Im September 1998 startet „Kunst & Co" mit Unterstützung der Stadt und des niedersächsischen Landesverbandes der Kunstschulen die erste Mitmachausstellung, um den sehr skeptischen Politikern wie auch der breiten Öffentlichkeit im wahrsten Sinne „be-greifbar" zu machen, was in dem Konzept steckt. „Schon gehört?", von AKKI Düsseldorf ausgeliehen, wird ein voller Erfolg und überzeugt, vor allem auch finanziell, die Politik.

Am 17.12.1999 beschließt der Stadtrat, die Kunstschule ab Januar 2000 vom Landkreis zu übernehmen, das Kindermuseum einzurichten sowie beides entsprechend auszustatten. Über einen Wettbewerb finden Kinder einen Namen für die neue Einrichtung: *miraculum* - Kunstschule & MachMitMuseum der Stadt Aurich. Im Mai 2000 bezieht die Kunstschule ihre neuen zentralen Räume in der Osterstraße. Im Februar 2001 wird schließlich das neue MachMitMuseum der Stadt Aurich von Bürgermeister Werner Stöhr eröffnet, mit der ersten selbst erstellten interaktiven Ausstellung „Wir machen BLAU".

Konzept

Seit Januar 2000 arbeitet das *miraculum* als städtische Einrichtung für kulturelle Bildung mit einem gemeinsamen Konzept für Kunstschule und MachMitMuseum. Unter dem Motto „lernen und gestalten mit allen Sinnen" werden Kurse, Projekte und Workshops veranstaltet und die Ergebnisse in Ausstellungen und Aufführungen der Öffentlichkeit präsentiert. Mit dem themenorientierten „Kursprojekt" bereitet man inhaltlich die nächste Ausstellung im MachMitMuseum vor. Für dieses Konzept wurde das *Team miraculum* mit dem „*Kinderkulturpreis 2001*" des Deutschen Kinderhilfswerk ausgezeichnet.

Die Kunstschule wendet sich an Kinder, Jugendliche und junge Erwachsene mit einem breit gefächerten Angebot in den künstlerischen Sparten Malerei, Bildhauerei, Fotografie, Video, Theater, Literatur und neue Medien. Es werden künstlerische Techniken, Fertigkeiten und Materialerfahrungen vermittelt und Räume für die Entwicklung kreativer Potenziale angeboten: Spiel- und Handlungsräume, in denen man Neuartiges entdecken und mit allen Sinnen erleben kann; Arbeitsräume, die Mut zum Experimentieren machen; Erfahrungsräume, die neugierig machen auf das, was in einem steckt. Qualifizierte Fachkräfte aus Kunst und Pädagogik fördern die ästhetische Übung und den künstlerischen Ausdruck. Dabei sollen Prozesse in Gang gebracht werden, in denen kreative Potenziale im Denken, Handeln und Gestalten entwickelt werden - mit dem Ziel, eine selbstbewusste, kritische und aktive Teilnahme am gesellschaftlichen Leben zu fördern und damit auch präventiv gegen Gewalt, Sucht und Manipulation zu wirken.

Das MachMitMuseum ist ein Kinder- und Jugend-museum und natürlich geht es hier auch um Bildung und Wissenszuwachs. Aber so angeboten, dass Lernen Spaß macht: Kinder und Familien können hier mit-einander auf Entdeckungsreise gehen, experimen-tieren, Erfahrungen machen. Handlungsorientiertes Lernen mit allen Sinnen ist zentrales Ziel wie auch Methode. Die Ausstellungen werden im Hinblick auf das „Be-greifen" der Besucher konzipiert, auf das Anfassen, Mitmachen und Mitgestalten. Ein Ausstellungsthema wird nicht einfach präsentiert, sondern inszeniert - ausdrücklich mit Kindern, wobei Erfahrungen, Objekte und Ideen aus dem vorangegangenen „Kursprojekts" der Kunstschule einbezogen werden.

Jedes Jahr wird eine neue interaktive Ausstellung aufgebaut, die von Mitte Februar bis Ende November gezeigt wird. Die praktische Umsetzung und Reali-sierung des jeweiligen Ausstellungskonzeptes über-nehmen die *Jugendprojektwerkstätten* der KVHS Aurich, für die sich dadurch ein abwechslungsreiches Arbeitsfeld mit großen technischen Herausforderungen entwickelt hat. Darüber hinaus findet eine rege Zu-sammenarbeit mit anderen kulturellen Einrichtungen in der Kommune statt, wie dem Medienzentrum, dem Historischen Museum, der Stadtbibliothek, aber auch mit verschiedenen ansässigen Firmen.

Die Ausstellungen laufen über 10 Monate und sind auf einer Grundfläche von ca. 150 m2 untergebracht, zu-sätzlich wird der große Innenhof mit einbezogen. Die erste Ausstellung *„Wir machen BLAU" 2001* zur Lieb-lingsfarbe der Deutschen erlebten fast 10.000 Besu-cher. *„Sonne, Mond & Sterne" 2002* zum Thema Welt-raum und Planeten wurde von mehr als 16.000 Be-suchern gesehen. Die dritte Ausstellung *„Im Labyrinth der Sinne" 2003* zum Thema Wahrnehmung und Orien-tierung war noch erfolgreicher, mit über 22.000 Besu-chern. Seit Februar 2004 läuft die vierte Ausstellung zum Thema Kommunikation mit dem Titel *„Vom Höh-lenmensch ins Internet"*, während in der Kunstschule schon die nächste unter dem Titel „Schätze" vorbereitet wird.

Im Netzwerk miraculum entwickelt die Kunstschule Kooperationsprojekte mit kommunalen Einrichtungen und regionalen Bildungsträgern, in denen Schlüssel-qualifikationen wie ästhetische Kompetenz und Medienkompetenz vermittelt werden (Beispiel: www.kindernetz-aurich.de)

Ausblick

Vier Jahre nach der Übernahme kann man feststellen, dass sich das Gesamtkonzept *miraculum* bewährt hat und die Stadt nach wie vor zu ihrer Einrichtung steht. Die Resonanz und Akzeptanz der Öffentlichkeit in Aurich und in der Region Ost-friesland sind überaus positiv, steigende Besucherzahlen bele-gen das. Bedauernde Äußerungen von weiter angereisten Besuchern des MachMitMuseums, dass es so etwas leider nicht häufiger gibt, unterstreichen, dass diesem Konzept ein Vorbild-charakter in der aktuellen kulturpädagogischen Landschaft zugemessen werden kann. Aus einem Freundeskreis, der die Initiatoren des *miraculum* von Beginn an unterstützte, hat sich ein Verein mit eigenen Aktivitäten entwickelt.

Das kleine Wunder funktioniert.

Team miraculum
Ramona Binder, Hanni Pfeiffer-Mühlhan, Rainer Strauß

Informationen zum Programm der Kunstschule sowie zu den Öffnungszeiten und Eintrittspreisen des MachMitMuseums unter www.miraculum-aurich.de

Kunstschule, Osterstraße 6b, 26603 Aurich, Tel: 04941-180089, email: kunstschule@aurich.de

MachMitMuseum, Burgstraße 25, 26603 Aurich, Tel: 04941-18311, email: miraculum@aurich.de